芳村思風
yoshimura
shifu

【生き方の変革】

人間観の覚醒

新装改訂版

致知出版社

人間において生きるとは、ただ単に生き永らえる事ではない。
人間において生きるとは、何の為にこの命を使うか、
この命をどう生かすかという事である。
命を生かすとは、何かに命をかけるという事である。
だから、生きるとは、命をかけるという事だ。
命の最高のよろこびは、命をかけても惜しくない程の対象と出会う事にある。
その時こそ、命は最も充実した生のよろこびを味わい、
激しくも美しく燃え上がるのである。
君は何に命をかけるか。
君は何の為になら死ぬ事が出来るか。
この問いに答える事が、生きるという事であり、
この問いに答える事が、人生である。

――思風

はじめに

時代はいま、世界文明の中心を西洋から東洋へと移行させていく過渡期にある。これは現在の激変激動の時代の外的要因である。一方の内的要因とは、理性の時代であった近代から次の新しい時代である感性の時代へと、精神原理が移行していく過渡期にあるということである。時代はその中で生きるわれわれに「激しく変われよ！激しく変えろよ！」と呼んでいる。人間の本質は理性だといわれていた近代から、人間の本質は感性だ心だという時代に、人間観が激変してきている。

人間はいま、人類史における第二の「精神の黎明期」を迎えているのである。最初に人間が「精神のめざめ」を体験したのは、紀元前五、六世紀を中心とする時代であって、ギリシアにおいてソクラテス、プラトン、アリストテレスが活躍して哲学を創造し、中東地域ではイエスとその弟子たちがキリスト教を広め、インドにおいては釈迦や六師外道といわれる思想家たちが活動し、中国においては老子や孔子や諸子百家が出現し、百家争鳴といわれた時代である。

それから二、三千年たって、いまや人類には新たなる精神文明の創造が期待されているのである。二十一世紀に入って、ようやくカール・ヤスパース（一八八三〜一九六九）が主張する、人類における第二の精神のめざめの時代がやってきたのである（カール・ヤスパース著『歴史の起源と目標』《一九四九年刊》の中で第二の枢軸時代として語られている）。

時あたかも、すべての分野において原理的な変革が求められている激動の時代である。そこで私は、いまや人類は「千古の教場を去るべき時」を迎えていると宣言し、「自分とは何か」「人間とは何か」という、人間存在の根本問題をあらためて問い、人間における自己認識の変革に挑戦したのである。

これは私の思想である「感性論哲学」の根本原理を構成する部分であって、いまから約三十年前、私が二十八歳の時に、その基本構想が確立された新しい人間観である

（拙著『感性論哲学の世界』《昭和五十一年刊》を参照のこと）。本著『人間観の覚醒』は、それ以後の私のさまざまな研究を加味した最新作である。

人類は有史以来、人間は精神と肉体の結合であると考える二元論的人間観を持ち続けてきた。そして理性によって本能や欲望を支配し統御して、理性的に正しい生き方をしなければならないと考えてきたのである。この考え方の間違いを初めて学問的に指摘したのがジグムント・フロイトである。

フロイトは、理性による人間への支配抑圧が人間性を破壊し、さまざまな病気の原因になることを原理的に解明したのである。人間の中には理性としての私と本能としての私がある、という考え方は、明らかに自己分裂の人間観である。「私」は本当は一人しかいない。また、人間が理性の命令に従って生きることは、人間が理性の奴隷になることである。人間が人間的な生き方をするためには、理性を支配し、理性を使って生きていかなければならないのであって、決して理性によって支配されてはならない。

人間が理性によって支配されれば、人間的な喜びはなくなり、堅苦しい窮屈な生き方になってしまう。そこには人間的自由の実感がない。人間が自由で喜びのある幸福な生き方をするためには、理性的に正しい生き方をするのではなく、人間的に正しい生き方をしなければならないのである。

人間的に正しいとは、どういうことなのか。それは、宇宙の摂理によって創造された、人間にふさわしい生き方をするということである。

人間の幸せは、自分のしたいことができるというところにある。自分のしたいことができないのは不幸なことである。自分のしたいことを最後までやり続けるためには、他人に迷惑をかけてはならない。他人に迷惑をかければ、他人に邪魔をされて、自分のしたいことができなくなるからである。だから我々は、他人にあまり迷惑のかからない方法を、理性を手段能力として使って考えなければならない。理性を使って他人に迷惑がかからない方法を考えると、心づかいをするから、心が成長し、心づかいができる人間らしい人間になって、社会性ができてくる。これが人間的に正しい生き方である。

理性に支配され、理性的に正しいことをしていると思っている理性的な人間は、自分のしていることを邪魔する人間が出てくると、邪魔する人間のほうが悪いと考えるから、相手と対立をし、心づかいをしない。だから結果として、本当の心づかいというものができない、自己中心的で社会性のない、ひとりよがりな心ない人間になるのである。

人間的に正しい生き方をするためには、理性が欲求の奴隷となってもならないし、理性によって欲求を否定し支配しようとしてもならない。人間らしい心をつくり、人間的に正しい生き方をするためには、欲求と理性を有機的、協力的に働かせなければならないのである。

宇宙の摂理によってつくり出された命というものは、命を構成する各要素が、互いに有機的、協力的に助け合って働くことによってできる相乗効果として存在しているものである。だから、命の中に理性と欲求との対立関係をつくることは、生命の有機性を破壊し、生命力を弱め、宇宙の摂理に反する悪となり罪となる。

この意味で、理性と欲求を対立させる二元論的人間観は、宇宙の摂理に反する間違った人間観であるといわなければならない。二元論的人間観をこのまま放置することは、人間に対する哲学の罪である。そこで、宇宙の摂理に反しない、有機的で一元論的な新しい人間観とはいかなるものなのかを、本著では示した。

感性論哲学では、われわれが「私」といっているものは、実は、「感性」のことであって、「理性」のことではないと考えている。そして、人間の本質は感性であり、生命の本質も感性であり、宇宙の窮極的実在も感性であると考える。

感性を根本原理にすえて、あらゆることを理解し解明する哲学であるから、私の哲学は「感性論哲学」というのである。

本著では、感性を人間の本質とするまったく新しい人間観を示すとともに、その人間観に基づく、まったく新しい人間的な生き方をも提示した。感性論哲学の目的は、全人類の人間性の進化である。全人類の人間性を、もう一次元進化させることによって、不完全な人間どうしが、共に助け合って生きてゆける、本当に平和な素晴らしい世界を、一日も早く実現しなければならないと願っている。人間性の進化と、生き方の変革こそが、権利の主張によって対立が絶えない、旧い社会である民主主義社会を超えて、新しい社会システムである互敬主義社会を建設するための根本前提であると信じる。そのためにも、まず人間観を革正することが哲学の原理的課題となる。
　本著において提示させていただいた、人間としての新しい生き方をぜひ参考にしていただいて、読者の皆様方が、より幸福で素晴らしい人生を歩んでいただけるならば、これにまさる喜びはありません。

　本著は、平成十三年に『人間観の革正』として出版した書物の復刻版であり、再版を望む多くの方々の期待に応えて出版に到ったものであります。出版にあたり、多大なるご協力ご尽力を賜りました致知出版社の藤尾秀昭社長様、編集部長の柳澤まり子様、書籍編集部の高井真人様など、お世話になった多くの皆様方に心から深く御礼と感謝の気持ちを捧げさせていただきたいと思います。本当にありがとうございました。

平成二十三年二月　鳥羽　思風庵にて

芳村思風　誌す

人間観の覚醒　目次

はじめに　2

第一章　脱近代の理念

数万年単位で起っている三つの変化　21
地球時代から宇宙時代への変化　21
縦型社会から横型社会への変化　22
弱肉強食から適者生存への変化　23
変化は不可逆的なもの　25
数千年単位で起っている三つの変化　25
理性原理から感性原理への変化　26
地域文明から世界文明への変化　31
二元論的人間観から一元論的人間観への変化　32
数百年単位で起っている諸々の変化　34
政党政治から脱政党政治への変化　35

説得の論理と納得の論理　38
資本主義から脱資本主義への変化　42
労働の原点は人に喜んでもらうこと　45
人間らしい本物の人間になるための働き方　47
人格主義経済の時代　51
民主主義社会から脱民主主義社会への変化　55
民主主義社会は対立をエネルギーとする社会　56
民主主義社会は互敬主義社会に変化する　59
理性文化・理性文明から感性文化・感性文明へ　63

第二章　脱近代の人間性

理性への批判　68
理性原理で発展した近代　68

理性とは不完全なもの　71
なぜ理性は不完全なのか？　①空間論的根拠　73
なぜ理性は不完全なのか？　②時間論的根拠　75
狼少女が教えるもの　77
理性を超える能力が人間の進化を促す　79
謙虚な理性を持つ　82
物質の最終的な姿は「ゆらぎ」　84
ソクラテスが開発した「説得の論理」　87
感性から生まれる「納得の論理」　89
「発展的解消の論理」で人間性を成長させる　91
理性と感性との関係　94
感性の役割とは何か？　95
理性と感性をどう関係させるか？　96
悩みが人間を成長させる　98

病気は心がつくり、心が治す　101

知恵の活用　104

理性と感性の協力が知恵をつくる　105
全力の努力が知恵を生む　108
知恵の力で教育を変える　110

人間性の進化　113

勝つことから力を合わせることへ　113

生き方の変革　115

偏見を認めて乗り越える　116
物欲が文化・文明をつくった　118
我は人間の存在証明　120
短所と長所は半分ずつ　122
すべて肯定する　124

感性的な判断能力 126
いい感じか、悪い感じか 126

第三章　感性の本質と構造と働き

人間観の革正 130
二元論的人間観の問題点 130
自己は実感、自我は観念 133
命は否定・対立の意識で病む 135
「私」とは何か? 139
「私＝肉体」と考える唯物論哲学 141
理性は「私」の根拠になるか 142
「私」は感性によって支えられている 146

肉体と精神は感性で結ばれている 148
感性の本質 150
感性の本質は「求感性」である 150
感性に従って生きる 153
求感性は行動力の源になる 157
感性の働き 159
求感性は平衡作用を持っている 159
感性の三作用——調和作用・合理作用・統一作用 161
三作用から生まれるカンやコツ 163
感性の三作用が保つ自己治癒力 166
人の道の原点をつくる感性の三作用 168
感性の構造 170
心＝価値や意味を感じる感性 170
感性の三作用と宇宙の構造 174

第四章　感性が精神と肉体を創造する

感性が肉体を創造する 184
よりよく生きるために生物は多細胞化する 185
神経＝感性のつくった情報伝達ルート 186
求感性の求めで感覚器官ができる 189
感性の三作用がシンメトリー構造をつくった 192
感性は波動によって呼応する 194
進化の原理は「模索する力」 198
感性が精神をつくる 199
合理作用が「記憶」を結合するために使われて合理性に変化した 200
知性と理性 203
感性は精神と肉体を創造し有機的に統合している 206

人間性の体系 208
「人間性の体系」は「私」である感性がつくる 209
愛という能力 212
競争から創造へ、対立から統合へ 215
理性的整合性を捨て、感性的整合性を持つ 218

第五章　感性と宇宙

宇宙の摂理 224
命のなかに大宇宙の摂理が働く 225
人間には宇宙大の生き方ができる 228
人間の使命 233
求感性とはエネルギーである 234
存在することは影響を与えること 236

宇宙のささやきを解読する 239
理性を使って「使命」をつくる 243
人生の幸せを手に入れる 246
潜在能力を湧き上がらせる原理 250
現実への違和感が教えるもの 253
人類の運命 258
人間はいつか滅びる 259
七十パーセントの潜在能力が残っている 261
輝かしい人生をつくる 266

装　幀——川上成夫
装　画——谷口広樹
編集協力——柏木孝之

第一章　脱近代の理念

今日、われわれは激しい時代の変化に身をさらしています。誰しもいま、目の前で起っている諸現象が、かつてないほど規模の大きなものであることにお気づきのことでしょう。しかし、この変化は、一般的に考えられているよりも、はるかに大きなものなのです。それは「劇的な」といってもいいほどの変化です。まず、そのことをご理解いただかなければなりません。

では、劇的なほどの大きな変化とはどれほどのものなのか。それは、単に数百年単位の変化というだけにとどまりません。数万年、数十万年という大きな単位の変化が根底で起っているということです。さらに、それを根底にしながら数千年単位の変化が同時に起っており、その上に乗って数百年単位の変化が起っている。つまり、三つの層をなして、いま、現実の世界は動いているのです。

まず最初に、この三つの層をなす変化がどのようなものなのかについて触れておきたいと思います。

数万年単位で起っている三つの変化

今日の激動の一番根底にある数万年単位で起っている変化とはなんでしょうか。それは、大きく次の三つの変化にまとめることができます。

地球時代から宇宙時代への変化

その第一番目は、地球時代から宇宙時代への変化です。二十世紀になるまで、人類は地球から宇宙を見るという視線しか持っていませんでした。しかし、二十世紀におけるロケット技術の進歩によって、人類は宇宙から地球を見るというまったく新しい視点を持つことができるようになりました。

これはわれわれが考えている以上に大きな変化です。意識が変化すると、価値観が変化し、いろいろな物の在り方に変化をもたらすと考えなければなりません。すなわち地球から宇宙を見るのではなくて、宇宙から地球を見ることによって、初めて「地球は一つ」という意識が人類共通のものとなりました。それがわれわれの生き方や仕事の仕方にも革命的な影響を及ぼしてくるということです。

縦型社会から横型社会への変化

第二番目の変化は、縦型社会から横型社会への変化です。今日まで何万年間も、人間が人間を支配するという縦型社会が続いてきました。しかし、一八九九年に起きたフィリピン独立戦争を契機として、人間が人間を支配するという構造が崩れ始めました。フィリピン独立戦争は、植民地が帝国主義国に対して反旗を翻した最初の戦いですが、この戦いを端緒にして、現在の官僚主義的な政治構造の崩壊も始まったのです。それから男女の関係も、二十世紀に入ってフェミニズム運動が起り、男性が女性を支配するという構造が崩れました。そこから女性が男性に対して平等を求めるという動きがはっきりと出てきました。

こういう縦型社会から横型社会への構造の変化を踏まえて、人間の生き方や、あるいは会社の経営なども考えなければなりません。そうしないと、これから生まれてくる若い人たちを受け入れていく社会はつくれないのです。

弱肉強食から適者生存への変化

第三番目の変化は、弱肉強食の原理から適者生存の原理への変化です。すなわち、競争という原理から創造という原理へと変化してきているのです。競争という意識を持って仕事をし、他人に勝つことを喜びとする心情は、これからの共生社会には、そぐわないものです。それは新しい時代に対応できる意識ではありません。競争は悪であり、罪です。競争という意識を鼻先にぶら下げて人間が行動している状況は、人間の醜さの現れでしかありません。

すでに現実の世界は「脱競争」という方向で動いています。いくら多くの人間が「競争、競争」といっても、この競争と表現されている実体が変わっているのです。最近も「勝ち組」と「負け組」に分けて、激しい競争によって勝者と敗者が生まれているように考えられています。しかし、「勝ち組」といわれるような企業は競争をして勝っているわけではありません。独創的な創造力で勝っているのです。時代に適応する創造力を身につけて生き残っているというべきなのです。競争によって勝者と敗者をつくるような時代はもう終わっているのです。

今日では、生物学的にも弱肉強食という原理は生命進化の原理として存在しないといわれています。進化は適者生存という原理によって起るといわれるようになっています。これは生物学上の大変革といえるような原理的変化です。そういう学問的な原理の変化にのっとって、人間の意識も、人間の行動も、変わっていかなければなりません。

「弱肉強食から適者生存へ」という自然の摂理上の大変化は、人間の社会構造においては、「競争から創造へ」という大きな意識変革をもたらします。したがって、これからの時代に生き残っていこうと思うならば、競争ではなく、創造する能力をつくっていかなければなりません。「時の流れを俺がつくる」という〝時流独創の精神〟を持って生きなければ、これからの時代に生き残り、成長発展し続けることはできないのです。

変化は不可逆的なもの

数万年単位の変化とは、以上に述べた三つの原理の変化です。つまり、「地球時代から宇宙時代へ」、そして「縦型社会から横型社会へ」、さらに「弱肉強食から適者生存へ」という大きな変化がいま起っているのです。これは決して逆転させることのできない不可逆的な動きです。したがって、この原理にのっとった判断をし、改革をしていかなければ、企業も発展できないし、人間も生きがいのある人生、充実した人生を送ることはできません。成功も勝利も幸せも、この原理にのっとって初めて手にすることができるのだということを忘れてはなりません。

数千年単位で起っている三つの変化

現在は数万年単位の大きな変化が起っていると同時に、数千年に一回しか起らないような変化が起っている時代でもあります。この数千年単位で起る変化も次の三つにまとめることができます。

理性原理から感性原理への変化

第一の変化は何かといえば、理性原理から感性原理への変化です。「理性」という言葉はギリシャ時代に作られました。「ヌース」という言葉がそうです。このヌースという言葉が作られて、そこで初めて人間は理性という能力が存在することを意識できるようになりました。言葉ができることによって、存在が意識化されたのです。

そして近代になって、理性能力は急速に成長していきます。十九世紀の中ごろには、理性が持つ潜在能力は全部出し尽くしたという状況になりました。つまり、理性という能力からは新しい原理が何も出てこなくなってしまったわけです。そういう状況になったとき、哲学の世界に実存哲学という理性批判の哲学が発生しました。このときから人類は理性に変わり得る新しい原理を模索し始めたのです。

その理性に変わり得る新しい原理として顕現してきたのが感性という原理です。

理性原理から感性原理への変化について最も端的に表現したのは、ジグムント・フロイトの「深層心理学」です。今日の状況を見れば明白なように、理性によって支配された人間が理性的な原理にのっとって行動しようとすると、必然的に対立が生じ、人間性も健康も破壊されてしまいます。そして、それが文化文明の破壊へとつながっていきます。そういう原理的な問題をフロイトは精神医学という観点から分析したのです。

人間の感性から理屈抜きに湧き上がってくる本能・欲求・興味・関心・好奇心などを理性によって統御し支配しようとするとストレスが生まれ、それはやがてノイローゼとなり、さらにヒステリーとなって、さまざまな精神病理学的な現象を起す。そういう精神構造が人間にはあるということをフロイトは解明しました。

人間の病全体が、このような構造によって引き起されているのです。理性が感性を抑圧することから心因性のがんなどのような文明病が起り、理性が欲求・欲望を統御することによって人間性が破壊されてしまう。どうしてそうなるのかといえば、人間の中に「理性としての私」と「本能としての私」があるという意識が、自己分裂・精神分裂・人格分裂という二重人格的構造をつくり上げてしまうからです。今日いろいろな犯罪をきっかけに二重人格の問題がクローズアップされていますが、それも、人間が「理性としての私」と「本能としての私」といった二元論的な人間観を持ち続けてきた結果、生まれてきたものです。

大事なのは、「私は二人いない。たった一人しかいない」という意識の根拠をどこに置くのかということです。これは二元論的人間観を乗り越えていくための重要な課題です。ところが、感性論哲学以外の哲学は、二元論的人間観を乗り越えていくための根拠、つまり精神と肉体を根源的に統一する原理が何であるのかをいまだ見いだし得ていません。

感性論哲学は、その原理こそ感性であると考えます。感性が肉体と精神をつくり、感性が肉体と精神を根源的に統一している。そういう人間観をつくることによって、初めて「私は一人しかいない」という人間の実感に根拠を与える原理を明確に提起したのです。

近代は、人間を理性化し、自然を理性化し、また社会をも理性化し、すべてのものを合理化していく歴史をつくりました。この流れはギリシャ時代に「ヌース」という言葉が生まれて以来続いているわけですが、とりわけ近代になって、急速に理性能力が発達しました。これは近代の大きな特徴です。

しかしいまや、すべてを合理化することは誤りであると私たちは実感し始めています。自然を合理的なものとして認識することによって自然破壊・環境破壊を招き、自然のほうから、自然は単なる合理的な存在なのではないと教えてもらっている状況です。自然が非合理であることを的確に知ろうと思えば、生命について考えてみればいいのです。生命は自然そのものです。単に合理的な存在と考えることのできないものであり、合理を超えた部分を持っています。

人間が自然を合理的に認識しようとすればするほど自然は破壊されていく。それは自然をゆがんだ状態で見ているからです。自然科学の分野でも、そのことを感知し始めています。最先端の量子力学は、自然は固定的な法則・形式を持って存在しているのではないと考えるようになっています。自然の究極的な本質は「ゆらぎ」であり「カオス」である、つまり、自然は法則に従って存在しているのではなく、法則を模索し、法則を作り出しながら存在しているのだと考えるようになっています。こうした自然観の変革を科学は予感し始めているのです。

自然科学の分野だけではなく、政治や経済の分野においても、すべてを法則的、合理的に判断しようとすることが無意味になってきています。今日までの経済学では今日の経済に対応できない。今日までの政治学では今日の政治に対応できない。理性はもはや今日の文化文明を破壊する方向に作用しています。理性能力はこれからの時代をリードしていくことができなくなっているのです。

時代をつくる原理は、やがて時代を滅ぼす原理にもなります。理性によって発達した近代は、理性によって滅ぼされることになるのです。どうしてそう断言できるか。それを理解するためには、時代とともに精神原理がどのように現れ、衰退していくのかを知らなければなりません。

例えば、中世という時代は、宗教や信仰という理屈を超えた力が人間を支配した時代です。それは一千年以上もの長い間続きました。ところが、非合理で不合理な力によって人間が支配され続けると、人間には合理への欲求が湧き上がってきます。これは、われわれが理屈に合わないことをいわれると、理屈によって反抗したくなるのと同じ心理です。中世はまさに、人間が非合理で不合理な力によって支配されていた時代だったため、やがて人間のなかに合理への欲求が目覚め、近代が始まることになったのです。

その結果、近代は合理、理性の力によって人間が支配され、統御される時代になりました。そして今度は、人間が理性によって支配され、抑圧されることによって、人間のなかに眠っていた非理性的な能力である感性が目覚めてきた。その流れとして、これからは感性の時代になっていくのだ、と考えなければなりません。

歴史の変化をつくる精神史の流れがどのような構造になっているのかを見ることによって、必然的にこれから何千年間は感性の時代になっていくのだとわかります。今日、世界で起こっている政治・文化・経済・犯罪などのすべての現象は、理性支配に対する感性の反逆です。そういう見方で現象と、その本質にあるものを見つめれば、統一的で整合性のある歴史観で時代を見ることができるようになります。理性原理から感性原理へ、これがいま起っている流れです。

地域文明から世界文明への変化

数千年単位で起っている変化の二番目は、地域文明から世界文明へという流れです。

二十世紀になるまでは四大文明の発生地点ごとに文明が発達し、歴史がつくられてきました。しかし、二十世紀に二回の世界大戦を経験することを通して、世界は急速に一体化し始めました。これは、先に述べた地球時代から宇宙時代へという数万年単位の変化と一体のものと見ることができます。地域文明が融合され、地球全体が一個の文明圏になる世界文明という状態へ変化を成し遂げつつあります。

この変化を受けて、諸分野で地域文明の融合現象が見られます。医学の分野では西洋医学と東洋医学が統合されて、ホリスティック医学が生まれてきました。また、通信・学問・政治の面においても統合化、一体化が進んでいます。それが現在の歴史の流れであり、これは逆戻りすることはありません。したがって、これからは、こうした変化にのっとった人間の意識改革をしていく必要があるのです。

二元論的人間観から一元論的人間観への変化

三番目の変化は、二元論的人間観から一元論的人間観への変化です。「人間は精神と肉体の結合である」とする二元論的人間観は、原始宗教が成立したときから今日まで続いてきました。それが二十世紀を契機に大きく変わり始めています。

二元論というと、近代においてはデカルトの二元論が有名ですが、これは古代ギリシャのプラトンの二元論を近代的に解釈したものです。つまり、「人間は精神的な実体と肉体的な実体が結び付いたものである」という二元論的な人間観によって、人類は長い間「人間」を理解しようとしてきたのです。

ところが二十世紀に入ると、二元論的な機械的人間観から有機的な生命観への転換が始まります。「心身は一体である」とする身体論という考え方が現れたのです。身体論は「肉体とは目に見える精神である。精神とは目に見えない肉体である」と考え、精神と肉体は一体化した形で有機的な生命として生きており、単に機械論的な生命観によって理解することはできないとしました。つまり、生命を一元論的に理解しようとしたわけです。

この考え方は正しいものだったのですが、残念ながら、身体論は精神と肉体を根源的に統一する原理を見つけることができませんでした。ようやく感性論哲学が出るに至って、「われわれが俺とか私とかいっている実体とは感性のことなんだ」ということが論証されたのです。

感性論哲学は、「人間の本質は感性であり、生命の本質も感性である。また、宇宙の究極的実在も感性である。感性というものが人間と生命と宇宙を貫く究極的原理である。そして、感性が精神をつくり、感性が肉体をつくるのだ」と考えます。これによって、まったく新しい一元論的人間観がつくり上げられることになったのです。

以上の三つ、つまり、「理性原理から感性原理へ」「地域文明から世界文明へ」「二元論的人間観から一元論的人間観へ」という変化が、いま起っています。これらは数千年単位で起っている変化です。

数百年単位で起っている諸々の変化

数万年単位の変化、数千年単位の変化が同時に起っている今日は、さらに数百年単位の変化が起っている時代でもあります。この数百年単位の変化の特徴を大きくくくっていうならば、「脱近代」への変化という方向性を持っていると指摘することができます。

今日まで人類は二回の大きな過渡期を経験してきました。第一回目はギリシャからローマへ至る時代です。これは古代から中世への過渡期になりました。ギリシャからローマへと移行することによって「脱古代」の方向性をつくり出したのです。第二回目の過渡期はルネッサンスです。ルネッサンスは「脱中世」への変化をつくり、近代への橋渡しとなりました。そして、いまわれわれが迎えているのが第三回目の過渡期です。これは「脱近代」の方向性を持った変化です。つまり、いま起っているさまざまな出来事は近代的世界観、および近代的価値観の崩壊を意味しているのです。

今日われわれが迎えている第三の過渡期を「脱近代」と考えるならば、この数百年に一回の変化は具体的にどのような現象として現れているのか。それについて見ていきたいと思います。

政党政治から脱政党政治への変化

近代の政治は政党政治でした。したがって、脱近代の政治とは脱政党政治になります。今日はまだ政党のない政治は考えられませんが、やがて政党が政治を動かす時代から、政党のない政治に変わっていくことになります。

心ある政治家はいま、その本心では「政党や派閥に支配されないでもっと自由な政治活動をしたい」と願っています。政党というものが存在する限り、政治家は数合わせの駒となってしまい、脱個性を強いられます。これでは自分の本当の力が発揮できないと考えている政治家はたくさんいます。

さらに大事なことは、今日の政治を混乱させているのが政党であるということです。これは、先に述べた「時代を興す原理は時代を滅ぼす原理でもある」という歴史法則に照らして考えれば明白です。近代の政治は政党によって発達してきました。しかし、今日は政党が政治を縛りつけています。政治家は、政権奪取のために国民を無視して活動を行い、政権を取ることに政治生命の大半を使い、国民のために政治をする時間を持っていません。政党があるがゆえに政権闘争に明け暮れなければならないのです。政党が政治を混乱させているわけです。この状況を変えるには、政党政治から脱政党政治の方向へ向かうしかありません。

では、脱政党政治とはどういう政治なのか。感性論哲学では、それを「合議政治」と表現しています。合議政治になると政治はどのように変わるのか。それはまず選挙制度の変化から始まります。なぜなら、政治は選挙を通して行われるものだからです。そこで選挙制度をどうするかということですが、本当の生活者のための政治、横型社会にふさわしい政治の在り方を考えていくならば、議員の選挙は市町村議員の選挙のみ行えばいいということになります。県会議員は市町村議員のなかから選び、国会議員は県会議員のなかから選ぶ。そして、国民投票で選んだ総理大臣または大統領が国会議員のなかから内閣のメンバーを選ぶ。これが感性論哲学における選挙制度の考え方です。

議論はどのように進めるのか。まず、国会では政党を廃止し、派閥的な集団も廃止し、テーマごとに合意に基づく集団をつくります。すると、あるテーマに対していくつかの集団ができてきますから、そのなかから自分たちの代表者を出し、その代表者たちが集まって議論を行うようにします。

説得の論理と納得の論理

また、議論の形態は「説得の論理」ではなく、「発展的解消の論理」を原理とした方法を用いなければなりません。発展的解消の論理とは、自分が正しいと思うことを相手にわからせようとするのではなく、自分と違った意見を参考にしながら自分の意見を発展的に成長させていくということです。「自分はさっきこういうふうにいいましたが、皆さんのおっしゃっていることを聞いていましたら、こう考えたらもっと良いと思いました。そこで、そのようにいい替えます」というように、自分の意見に固執せずに、周りの意見を取り入れて考えをどんどん発展させていくのです。このような発展的解消の論理を原理にして国会の運営を行わなければなりません。また、そいう能力を持った人間しか国会議員になれないようにするのです。

なぜ説得の論理ではいけないのでしょうか。説得の論理というのは、人間の本質は理性であると考え、それに基づいて、自分が正しいと思ったことを自分の理性を使って相手の理性に向かって話し掛けようとするものです。しかし、自分が正しいと思うことを相手にわからせようと説得すると、相手には説得されまいという気持ちが生じ、そこに対立が起こります。ゆえに説得の論理で議論をすると、必然的に多くの対立を呼び起こすことになってしまいます。その上、説得して相手の考えを改めさせようとすることは、相手の個性を奪い、相手を支配する構造をつくり出します。しかし現代は個性の時代であり、人間が人間を支配することは悪であると考える社会です。ですから、説得の論理というような、そういう低級な論理をいつまでも使っていてはなりません。

感性論哲学では、人間の本質を感性であると考えます。そして、感性が人間化されたものが「心」であると考えます。人間の本質は心なのですから、人間が人間に話をするときには、自分の心を使って相手の心に向かって話をすることが大切です。これは人間的な論理であり、「納得の論理」といいます。なぜ納得の論理かといえば、理性は理解する能力なのに対して、感性は納得する能力だからです。納得するとは「なるほどなぁ」と腑《ふ》に落ちること、五臓六腑に染みわたることなのです。

それでは、納得の論理による話し方とはどういうものでしょうか。納得の論理は、自分が理性で考えて正しいと思ったことを、心（感性）を使って話すということです。

ゆえに、「相手にわかってもらいたい」という願いと祈りをもって話さなくてはなりません。人に話をするのは、わかってもらいたいから話すのですから、そういう願いと祈りがなければ心を使ったことにはなりません。そのためには、相手にわかってもらえるように言葉を選び、態度を選び、表情・目つきを選んで話す必要があります。

ここで大事なのは「目は口以上にものをいう」ということです。相手の感情や心の動きを自分の感性で読み取りながら、ちょっと強くいい過ぎたと思えば柔らかく表現したり、言葉が足りなかったら付け加えたりして、自分の目つきと態度と表情に注意して話さなくてはなりません。目つき・態度・表情には人間の本心が出ます。うそをつくことができません。ゆえに目つき・表情・態度に注意して話をすると、相手もこちらの話を聞こうという気持ちになってくれるので、こちらの心が伝わっていくのです。納得の論理に従って話すためには、目つき・態度・表情を鍛えることがとても重要なことになってきます。

このように説得の論理と納得の論理とは心理構造の上で大きな差があります。ですから、意見が違うときには発展的解消の論理の力と納得の論理が必要なのです。会議を有効なものにするためには、相手の意見を変えさせようとするのではなく、相手の意見を参考にしながら、自分の意見を成長させることが大切です。

今日の政治討論会を見ていると、すべての党が「わが党はこうです」と自分の意見をいうだけで、相手の意見を参考にして自分の意見を変えようとはしません。これではなんら発展性がありません。政党政治の悪弊です。政党のない政治である合議政治になれば、発展的解消の論理を駆使できるようになります。国会議員は、本当は全国民の代表者ですから、いろいろな意見を持っている人間の上に立って、全国民を納得させるような政治をしなければなりません。

自分の包容力で相手を受け入れるように人間性を成長させずに、政治力を発展させるのは無理なことです。人間性の成長が政治家を変えるのです。そして、政治とは議論ですから、議論の質を変えていくことが政治を変える根幹なのです。政治の組織的な部分に手を加えて政治改革をしたとしても、政治家の人間性と議論の方法を変えない限り、現在の政界の混乱を乗り越えることはできません。

資本主義から脱資本主義への変化

数百年単位の変化の二番目は、経済に起っています。いま、経済は明らかに資本主義経済から脱資本主義経済へと大きく方向転換しています。脱資本主義という言葉が経済の世界で使われるようになり、それをテーマとした本も出版されています。一級の経済学者が、「脱資本主義」という言葉を使いながら議論をしている現状がありま す。

しかし、脱資本主義といっても、どういうふうに資本主義から脱却するかという方法論は、今日の経済学はまったく提示し得ていません。金のために働くという意識から脱却しなければならないということを大きなテーマとして考えながらも、具体的にどうすれば資本主義経済システムから脱却して新しい経済システムがつくれるのかとなると、今日の経済学はお手上げ状態です。

それは今日の経済学に明確な歴史観と哲学がないからです。事実に拘束された因果律的な思考方法によって経済を考えるから、新しい経済システムを発想できないのです。経済が明確な歴史観や哲学を持てば、今日の資本主義経済が持つシステムを批判して、新しい経済システムを予感させる価値観が出てくるはずなのですが、今日の経済学はまだそれを持ち得ていません。

感性論哲学では、経済をどのように考えるのかということを述べたいと思います。感性論哲学では、脱資本主義経済を人間学的経済学であると考えます。つまり、経済は人間のためにあるのであって、人間が経済のためにあるのではない、という考え方を根本原理とし、その上で「人間のための経済とは何か?」について経済議論を行います。

さて、経済は基本的に「人・物・金」の三要素で動いているといわれています。最近はこれに情報を加えて、「人・物・金・情報」の四要素で考えるようになっていますが、情報も人間がつくるものですから、基本的には経済は「人・物・金」の三要素で考えればいいと思います。

この三要素の観点から経済を検証すると、物の生産を目的とし、物の多さによって経済を計るという状況は、すでに封建主義時代に終わってしまっていると見ることができます。近代の経済は不動産的なものから貨幣という数量的な流動資産へと変化しました。貨幣を増やし、キャピタル（資本）を増やしていくという方向性に経済活動が変わったわけです。しかし、貨幣やキャピタルを増やすことを目的とする資本主義経済のために人間が働くという経済システムのなかでは、誰でも例外なく金のために働かされているという状況に引っ張り込まれてしまいます。人間は資本主義という経済システムのなかで労働することによって、金の奴隷にされてしまいます。それが現在の状況です。

では、どうすればここから人間を引っ張り出すことができるのか。それが人間学的経済学の重要な課題になってきます。

物の時代は封建主義の時代で終わりましたが、貨幣の時代も現在すでに末期状態にあります。残っているのは人間しかいません。したがって、新しい経済システムは必然的に人間学的経済にならざるを得ないのですが、新しい経済システムをつくるためには、それだけではあまりにも単純ですから、もう少し厳密に人間と経済について考えてみましょう。

労働の原点は人に喜んでもらうこと

新しい経済システムを考える場合の原理は、すでに述べたように、「経済は人間のためにあるのであって、人間が経済のためにあるのではない」ということです。経済は人間がつくったものであって、自然法則のように、人間以前から存在するものではないのですから、人間は資本の論理に支配されるべきではなく、人間が資本の論理を支配し、人間が人間のために経済社会をつくり変える努力をしなければなりません。そのためにわれわれは、「人間と経済との接点は何か?」ということを考えてみなければなりません。この答えが新しい経済システムを考えるためのもう一つの原理になります。「人間と経済との接点は何か?」。それは「労働」です。労働を通して人間は経済と関わります。したがって、資本主義に変わるまったく新しい経済システムを見いだしていくためには、人間と経済の接点である労働というものを原理的に考えていく必要があります。

労働とは何か。労働が最低限度の経済価値を持つためにはどういう原則にのっとってなされなければならないのか。そう考えると、「人に喜んでもらえるような仕事の仕方をする」ということが、労働が経済価値を持つ原理であり、原点であるということになります。つまり、労働が最初の目的としているのは金銭ではなく、人に喜んでもらえるような仕事の仕方をするということなのです。その結果として入ってくるものが金銭なのだという順序で考えなければなりません。

人に喜んでもらえないような仕事の仕方をしていると、やり直しを命じられるかもしれません。あるいは、損害賠償を要求されるかもしれません。そうなると、金が入ってくるどころか、かえって損をすることになります。ですから、労働というものは最低限度まず人に喜んでもらえるような仕事の仕方をするということでなければならないのです。

したがって、われわれが労働をする場合、最初に考えるべきことは、「自分自身を、人に喜んでもらえるような仕事の仕方ができる、能力と人間性を持った人間に鍛えていく」ことです。そうでないと、労働は経済価値を持たないのです。人に喜んでもらえるような仕事の仕方ができる能力と人間性を自分のなかにつくっていかなければ、自分には金が入ってこないということを考えなければなりません。これを金銭の側から見ると、金というものは、自分が人に喜んでもらえるような仕事の仕方ができる能力と人間性を持った本物の人間になれば、どんどん入ってくることになるのです。

労働を原点に立ち返って哲学的に考えると、「自分は自分を本物の人間に鍛え上げるために働くんだ」「本物の人間になったレベルに応じて金は入ってくるんだ」という新しい価値観が出てきます。そうなって初めて、経済は「人間のための経済」という実態を持ち始めるのです。そういう意識で人間が労働し始めることによって、「金のために働いている」「金の奴隷になっている」という意識からはっきりと解放されるのです。

人間らしい本物の人間になるための働き方

人間が「人間らしい本物の人間」になるためには、プロとしての職業を持って、弱肉強食・利害打算が働く現実の社会のなかで、生活を懸け、人生を懸け、命を懸けて働くことが必須条件です。なぜなら、人間が本物になるためには、人間は、人間と人間社会の実態に触れなければならないからです。それなしには、人間は決して人間らしい人間として本物になれません。

プロとしての労働を通してしか、人間は本当の人間と社会の実態、すなわち、人間や社会というものがどんなに恐ろしく醜いのか、また素晴らしいのかという実態に触れることができません。この現実社会のなかで、生活を懸けて働くということをやって初めて、人間は、本当の社会の実態と本当の人間の姿がどんなものかに触れ、それを知ることができるのです。その体験・経験を通してのみ、人間の命は本当に磨かれるのです。命が本当に磨かれるためには、本当の真剣さというものを体験しなければなりません。本当の真剣さを体験するためには、現実社会のなかで、生活を懸けて働くことをしなければならないのです。

ゆえに、人間が人間らしい本物の人間になる道は、現実社会のなかで生活を懸けて働くという〝修羅場〟の体験をする以外にはないのだということです。座禅を組み瞑想《めいそう》をすると心が清浄になったような気分になるかもしれませんが、それは架空の世界のことであり、人間が本当に人間らしい人間として実力を伴った本物になる道は現場にしかないのです。現場のなかで、現実社会のなかで、本当の真剣さを体験して、そのなかで自分を鍛えていくという以外に道はないのです。

今日、経済界でいろいろな事件が起っています。そのなかには、儒教や仏教を勉強したり、いろいろな精神修行をなさっている方々が絡む経済犯罪もあります。どうしてそういう方々が経済犯罪に絡むような状況になってしまうのかといえば、人格の陶冶《とうや》は人格の陶冶として別個のものとして行い、経済界では資本の論理に支配されて経済原則にのっとって活動をしているからです。つまり、実態を伴っていない架空の状況のなかで人間性を鍛えているから、現場の厳しさのなかで力を発揮し得ないのです。人間性が現場のなかで磨かれていかなければ、本当の実力にはならないのです。

いわば感性論哲学は、人間性の陶冶と金儲けを一石二鳥でやってしまうという哲学です。自分の仕事を通して自分を鍛えていくのです。

すべての職業は、原理的に、その職業に従事する人間を、人に喜んでもらえるような仕事の仕方ができる能力と人間性を持った人間に鍛え上げる道場としての価値を持っています。そうでなかったら、職業として成り立ちません。そして、この職業実践の現場のなかで、人に喜んでもらえるような仕事の仕方ができる能力と人間性を鍛えていこうという意識で労働することこそ、人間が本物になる唯一の道なのです。そういう意識で人間が労働し始めることによって、人間は資本主義経済、キャピタリズムから脱却できるのです。つまり、人間の労働への価値観が変わることによって、われわれは資本主義経済から脱却できるということなのです。

そのような労働観と価値観を背景にして、資本主義経済ではない新しい経済システムを構築していくことを考えなければなりません。資本主義経済が持っている経済システムとまったく違う経済システムを考えようと思うならば、その新しいシステムの原理に何を置くかが一番大切なのです。そして、その原理がいま述べたような労働観の革命です。労働観を革命していくことによって、新しい経済システムが誕生するのです。

職業を通して自分を鍛えていくという考え方の原点は、日本の伝統思想の「道の思想」にあります。日本では柔術が柔道になり、茶を飲むという作法が茶道になり、花を生けるという方法が華道になり、商売が商道となる。こういう道の思想が今日の資本主義経済から人間を救い出す大事な理論的根拠になるということです。労働を単に労働として考えるのではなく、自分自身を本物の人間に鍛えていく道・方法と考える。そんな道の思想を労働のなかに持ち込むことによって、新しい労働観が成立します。そして、その新しい労働観によって、われわれは資本主義経済から脱却できることになるのです。

人格主義経済の時代

脱資本主義経済がいま述べたような方向性で変化し始めれば、それはどういう名称を持った経済システムとして考えるのがふさわしいでしょうか。先に私は「人間学的経済」と呼びましたが、むしろ「人格主義経済」とするほうがいいかもしれません。その理由は次の通りです。

これからつくられていく脱近代の文明は東洋文明であり、精神文明であるからです。今日までの西洋近代の物質文明とつりあいをとるために、これから始まる東洋文明は精神文明という内容を持たなければなりません。

こう考える原理は、大宇宙の摂理がマイナスエネルギーとプラスエネルギーのバランスによって成り立っているということです。エネルギーバランスが大宇宙の摂理なのだと考えると、文明の歴史も、大きな時間的な経過をたどりながらバランスを形成する方向で進んでいくと考えなければなりません。これは人類にとっては非常に長い時間的な経過を伴うバランス作用ですが、宇宙の原理からすれば一瞬の変化です。

宇宙単位のバランス作用で考えれば、近代が西洋の物質文明であり、脱近代は東洋の精神文明になっていくのです。そういう原理で考えれば、必然的に次の何百年かは精神文明という構造を持たなければならないわけです。

そして、精神文明を原理的に踏まえて経済を考えれば、明らかに東洋文明としての経済システムは人格主義経済という内容を持つことになるであろうと考えなければなりません。東洋に興った仏教思想、儒教、老荘思想などは、いずれも人格を磨き極めていくという思想内容を鮮明に持っています。そこからも、東洋の時代の経済を考えれば「人格」という理念が見えてきます。

経済を通しても人格を極めていこうという発想になってくるはずです。特に、人間を経済から解放する「人間のための経済とは何か?」ということを考えれば、なおさら経済は人間を成長させるためにあるという道の思想を根幹に据えなければなりません。道の思想そのものが、人間のすべての活動を、人間を本物の人間に鍛えていくための方法論と考えようとする発想です。そういうことを考えても、次の経済システムは人格主義経済という内容を持ってくるといわざるを得ません。

今日の経済は、量から質へと変化しており、人間の質が製品の質を決定し、会社の質を決定するようになってきています。つまり、人間の質が問われる状況になっています。人間性を成長・発展・進化させていかなければ、会社も発展しないし、製品も発展しない。会社の格を高めるためには、人間の格を高めなければならないという状況がはっきり見えてきています。

このような状況を背景に考えても、経済は、明らかに人格主義経済へという方向性で変化していると考えなければなりません。また、現在の会社の経営方針のなかに人格主義経済という理念を持ち込んでいくことが、量から質への変化を求めている歴史や社会の動きに対応する会社の在り方なのだということを考えなければならないのです。

そういう目先の変化を考えても、人格主義経済への方向性を早くつくっていかなければなりません。特に昨今の金融界の不祥事は、経済が資本主義から人格主義へという方向性で変わっていけよ、ということを教えているように思います。

経済の世界で人の道に外れるようなことをした人間を捕まえることが大っぴらになされ始めたという現象が、どういう経済の方向性を示唆しているかを考えてみなければならないでしょう。明らかにこれは労働観念の変革を催促しているのです。そういう歴史の流れのなかで起こっている金融界の不祥事なのだと考えなければなりません。今日まで、うやむやに闇に葬られていた現象が暴かれているということ自体、すでに大きな経済界の変化を象徴する現象なのです。もっともっと人の道にのっとった経済活動をやっていかなくてはならないことを全国民が認知・認識して催促しているのです。事態はそういう状況になっているということです。

そういう歴史観を背景にして今日の不祥事を眺めていかなければ、先を読む能力は出てきません。今日の現象は何百年という単位の大きな変化をちゃんと読んで起っていることなのです。

民主主義社会から脱民主主義社会への変化

数百年単位で起っている変化の三番目は、民主主義社会から脱民主主義社会への変化です。近代社会はいうまでもなく民主主義を土台にして築かれてきました。民主主義といえば、もうこれ以上正しい社会はあり得ないと考えてしまっている方も多いかもしれません。しかし、現実が脱近代という方向性で変化していることを考えると、近代社会の構造である民主主義も脱民主主義の方向へと変わらざるを得ません。そういう意識でいまの社会を見つめることが大切なのです。

戦後、日本人は軍国主義に代わる新しい社会形態として民主主義を西洋から輸入したような形で受け入れました。そのため、ついつい民主主義を理想的な社会形態であると考えがちです。しかし、現実を直視すればわかるように、いま、明らかに民主主義は制度疲労を起しています。民主主義社会の理念と現実との乖離《かいり》が至るところで見られます。

民主主義社会は自由・平等を理念に掲げて今日までやってきました。しかし、自由・平等という近代の理念そのものがすでに役割を果たし終えてしまっているのです。それは、行き過ぎた自由が問題になり、平等を追求し過ぎて労働意欲ややる気を人間から奪ってしまうといった「悪自由・悪平等」現象がさまざまな領域で見え始めているところからもうかがえます。

そういう状況を見据えて、もう一度、民主主義社会を考えてみる必要があります。そして、この民主主義社会を超える、もっと素晴らしい社会を構想することが大切なのです。その手始めに、まず民主主義社会とはどういう社会なのかということを原点に戻って考えてみなければなりません。

民主主義社会は対立をエネルギーとする社会

そもそも民主主義社会というのは、封建的な身分制度のある社会から脱却するために近代人が考え出した社会の在り方なのです。そのための手続きとして、近代人は「自然権」というものを持ち出してきました。自然権とは、生まれながらにして人間が自然から与えられた権利のことです。どうして自然権を唱えると封建社会から脱却できるのか。それは身分や職業は原始時代にはなかったのだから、神から人間に与えられたものではない。人間がつくったものだ。だから神から授かったものではないのだから、身分や職業の世襲を破棄しても、神の意志に反することにはならない。そして人間として生きる権利こそ人間に先天的に与えられている自然権であると考えたのです。

つまり、封建的な社会では身分や職業によって人間は拘束されているけれど、本来はなんにも拘束されることのない自由な存在なのだということを主張するために、自然権という権利を考え出したわけです。

人間には自然権から保障された基本的人権があるのだから、自由に自分の権利を主張することができる。そして、互いにその権利を主張し合い、そのバランスのとれたところで契約を結び、社会の秩序や法律を作ればいい。これが近代の民主主義社会が生まれるプロセスだったのです。つまり、民主主義社会の原理とはみんなが自分の持っている権利を主張し合うというところにあるのです。権利を主張しない人間は損をしても仕方ないと考えるのです。

しかし、人間が自分の権利を主張し合うという考え方は、そこに必然的に対立を呼び起こす種を持つことになります。ゆえに民主主義社会とは、対立を最初から肯定して成り立っているといえます。自分の権利を主張し、互いに相手を責め合うという構造こそが民主主義社会の原点なのです。

これは民主主義社会を考える非常に大事な原則です。自分の権利を主張し、相手も権利を主張してくる。権利の対立という構造の中に妥協点を見いだして、そこで契約を結ぶというのが民主主義社会の実態です。人間同士が責め合うという構造を持たなければ、民主主義社会はエネルギーを失い、崩壊してしまうのです。

事実、民主主義社会の政治は野党と与党が責め合います。経済は労働者と資本家が責め合います。司法も検事と弁護士が責め合います。責め合い、妥協点を見いだすという構造が民主主義社会を発展させる原理になっています。こういう構造を見ずに、ただイメージだけで民主主義社会は理想的な社会だと考えてしまうと現実を見誤ることになります。

そういう意味で、民主主義社会も乗り越えられるべき欠点を持っているということです。その欠点があらわになってきている現在、われわれは民主主義社会に代わる新しい社会を構想する必要があります。脱民主主義社会の在り方をみんなで考えなくてはなりません。

民主主義社会は互敬主義社会に変化する

では、脱民主主義社会とはどういう社会でなくてはならないのでしょうか。

新しい社会は民主主義社会の問題点を乗り越えるものでなくてはなりません。では、民主主義社会の根底にある問題点とは何かといえば、人間の本質を理性であると考え、理性は完全であると考えたことです。その結果として、自分が正しいと思うことをどこまでも主張することになったのです。

しかし、理性は合理的にしか考えることができないという限界を持った、有限で不完全な能力なのです。感性論哲学では、そう考えています。そして、人間はみんな短所欠点を持った不完全な存在なのです。だから、互いに責め合おうと思えばどこまでも責め合うことができます。不完全である上に対立を肯定しているから、いつまでたっても争いがなくならないのです。

したがって、民主主義に代わる新しい社会は、まず何よりも、「人間は不完全な存在である」ということを原理にしなくてはなりません。その上で、不完全な者同士が安心して生きていける社会を構想すればいいわけです。

不完全な者同士が安心して生きていくにはどういう考え方が必要になるかといえば、それは「責め合うのではなく、助け合い、許し合って生きていこう」ということです。われわれはこれから、「許し合う」ことを根底に置いた社会をつくらなければならないのです。それはどういう社会になるでしょうか。感性論哲学ではそれを「互敬主義社会」と呼んでいます。お互いに尊重し合い、敬愛する社会です。

近代の民主主義社会は自由・平等を理念に掲げて発展を遂げました。互敬主義社会では、どういう理念を掲げればいいのでしょうか。それは「和道と悟道」というものになると私は考えています。

現在の社会の対立構造を乗り越えるために一番大切な理念になるのは平和です。これから平和を全世界・全社会・全家庭につくっていかなければなりません。この平和を具体的な理念として掲げた言葉が「和道」です。東洋の道の思想を原理として、「みんなが和して生きていく道を探る」というのが和道という理念です。

そして「悟道」は、「人類の人間性をもっと進化させ、発展させていく」ための理念になります。人間が人格的に進化することがなければ新しい時代をつくっていくことはできません。科学技術がこれほど進歩して、物質的に豊かになったにもかかわらず、人類の人間性はまったくといっていいほど進歩していません。これは恥ずべきことです。これから数百年かけて、人類は自らの人間性を成長させ、発展させ、進化させていくことを大きな目標に掲げて生きなければなりません。豊かな物質文明とバランスのとれた豊かな人間性をつくり上げていかなければなりません。そのための理念が「悟道」なのです。

人間性を高めることは平和を実現するということと密接に絡み合います。それゆえに、「和道と悟道」という言葉を互敬主義社会という新しい社会をつくるための理念にしたいと思うのです。

また、近代は自由と平等という理念を実現するために「権利と義務」という社会規範を作りました。これも西洋的な意識であり、極めて理性的な概念です。しかし、権利と義務を振りかざす時代ももう終わりました。権利は対立を生み、義務は強制を強いるということであり、これからの感性を原理とする時代にはふさわしくありません。

では、権利と義務に代わる原理はどういうものであるべきでしょうか。許し合って生きていくということを社会の根底に据えて原理を考えると、それは「道義と敬愛」という言葉に代わるべきだと思います。

「道義」とは、人の道に外れた行いをするのはやめようということです。金融界をはじめとして近年多発しているさまざまな経済事件は、道義に反する行動をとっていることが根本にあります。これは改めなければなりません。人間が許し合って生きていくためにも互いに守るべき規範が必要なのです。それが、人の道に外れてはいけないということであり、言葉にすれば「道義」というものになります。

「敬愛」は、お互いに尊重し合いながら助け合って生きていこうという精神です。健常者も障害者も、力のある者もない者も、能力のある者もない者も、年寄りも若者も、みんなが協力し合って、よりよい社会をつくり上げることを考えなければならないというのが今日の社会状況です。そうしなければ、社会秩序をつくることができません。そして、そのためには人間同士の愛が必要です。「敬愛」とは、愛によって互いに助け合っていく時代の理念となる言葉なのです。

このように、互敬主義社会は「和道と悟道」「道義と敬愛」を根本精神としてつくっていく社会になります。民主主義社会の問題点を見つめ、それを乗り越える新しい社会の形態を考えると、このような社会が構想されてくることになるのです。

理性文化・理性文明から感性文化・感性文明へ

数百年単位で起っている変化の四番目は文化・文明の変化です。近代の文化は理性文化・理性文明でしたが、これからは脱理性文化・脱理性文明の方向に変化していかなければなりません。この変化のベクトルは芸術のなかにすでに現れています。芸術というものは、常に時代を先取りするものです。では、そこにはどういう変化が起ったのか、絵画を例にとって見てみましょう。

十九世紀の終わりまで、絵画といえば具象絵画がすべてでした。理性によって形を正確に写し取ることが絵画の常識でした。ところが二十世紀になると、抽象絵画が出てくることになります。一見しただけでは何が描かれているのかわからない、形の崩れたような絵が次々と現れました。ピカソ、ムンク、ミロなどの絵に特徴的なのは、理性的な形式を壊して、人間の内側にある感性を写し取ろうとしたことです。すべての物質は固定されたものではなく、ゆらぎであり、カオス(混沌《こんとん》)であるとしたのは量子力学の最新の発見ですが、形が崩れていくというのは、まさにこの考え方を表現しています。つまり、これらは近代的理念・価値観・世界観の崩壊を示唆しているのです。とりもなおさず、それは理性文化・理性文明が崩壊する方向に動いているということです。

では、理性文化・理性文明に代わる新しい文化・文明とはどういうものでしょうか。それはいうまでもなく、感性文化・感性文明です。前述のような抽象絵画は、これから感性を原理とする新しい文化・文明が姿を現してくることを予見しています。そして、感性文化・感性文明とは、政治でいえば合議政治であり、経済でいえば人格主義経済であり、社会でいえば互敬主義社会です。これらが新しい時代の感性を原理にして形成されていく文化・文明の形なのです。

いままで三千年かけて、人類は理性を原理として、理性という能力によって何ができるのかを経験してきました。そして、もう理性からは何も出てこないというところにまで行き着きました。これと同じことを、人類はこれから何千年もかけて経験していくことになるのです。感性を原理として、感性のなかにどんな能力が潜み、それによって何ができるのかということを一つひとつ体験していくことになります。

これから人類は、さまざまな問題にぶつかるたびに、感性のなかに潜在している能力を顕在化させていくことになるでしょう。どういう能力がそこに秘められているかは出てきてみないことにはわかりませんが、自分の中にはこんな能力があったのかと驚くような体験をすることになることは間違いありません。おそらくそれは、素晴らしい人間性の成長・進化と人間の能力の開花を実現させるものになるはずです。

第二章

脱近代の人間性

理性への批判

いま、私たちの目の前で起っている大きな変化について、前章にまとめました。このような激変する時代の流れのなかで自分の人生や仕事を充実したものにしていくためには、そこに生きる人間そのものが変わらなければなりません。われわれにはいま、人間性の進化が求められています。人間性そのものを近代から脱却させることが必要なのです。

そのためにわれわれはどういう考え方を持ち、どういう努力をしなければならないのでしょうか。本章では、「人間性を脱近代化させる」ということをテーマに話を進めていくことにしましょう。

理性原理で発展した近代

脱近代の人間性について考える場合、その第一歩として「近代とはどういう時代であったのか」を明らかにする必要があります。果たして近代とはどういう時代だったのでしょうか？　その特徴を一言でいうならば、次のようになると思います。

「近代とは人間が理性という能力を盲目的に信頼し、理性という能力を原理にしながらすべてのことをやってきた時代であった」

すなわち近代は、自然を合理化・理性化し、社会を合理化・理性化し、人間そのものをも合理化・理性化してきたのです。理性によって人間が支配されてきた時代、それが近代の最大の特徴であるということができるでしょう。

近代の学問は、理性という能力を矛盾なく使うならばどんな問題も神秘も解明できるという一種の理性信仰に基づいてなされてきました。しかし、今日明らかになってきているのは、理性的な人間になることは決して人間的な人間になることを意味しない、ということです。それどころか、人間は理性的になればなるほど自らの人間性を破壊してしまうのです。現代の教育界に起っているさまざまな事件や不祥事も、理性を重視し過ぎたところに根本原因があります。

理性原理の根本的な欠陥を発見したのはジグムント・フロイトです。フロイトは、理性は人間を抑圧し、理性を原理にして人間が生きようとすると人間性の破壊が起り、さまざまな病気が発生することを明らかにしました。理性は人間が本当の幸せや満足感や喜びを感じる原理ではないということを証明したのです。

人間は理性に基づいて利便性を追求し、自然を合理的に扱おうとしてきました。しかし、それは環境破壊を引き起し、かえって人間の健康な生活を脅かそうとしています。これはあまりに理性を信奉し、人間そのものが一種の自然物なのだということを忘れてしまったところから起った問題です。人間は自然のなかに含まれて、命そのものが自然なのです。生命は神秘そのものであり、理性を超えています。つまり、人間を含む自然は理性を超えたものであって、自然イコール理性的存在ではないということです。

そういう意味でも、すべてのものを合理的に認識し、処理しようとする近代科学、あるいは近代の学問は原理的に間違っているといえるのです。

そこで、われわれが脱近代の人間性の在り方を考える場合、まず第一にするべきことは、理性信仰、理性への盲信を解くことです。理性に対する信頼をもう一度問い直してみる必要があります。理性という能力とはなんなのか？　そのことを原点に返って考えることが、脱近代の人間性を考える第一歩となります。理性原理にのっとってすべてを考えている限り、いつまでも近代から脱却できないのです。

理性とは不完全なもの

感性論哲学では、今日まで「合理的に考えることができる素晴らしい能力」として重視されてきた理性に対し、「合理的にしか考えることができない限界を持っている」という批判的解釈をしています。

誤解されると困りますが、これは、近代が理性の時代であったことはすべて間違いであったと批判しているのではありません。人間が理性能力を進化発展させることは人類史における必然的なプロセスであり、人類はすべてのものを合理化していく理性の時代を一度は経過しなければならなかったのです。その意味で、近代が理性の時代であったことは間違っているわけではありません。

しかし、どんな能力にも限界があります。理性信仰が人類をここまで発展させてきたのは確かですが、これからもっと成長するためには、理性能力に対する批判をしていかなければならないのです。理性によって考えてどんなに正しいと思っても、そこには限界があり、不完全であることを忘れてはなりません。

そして、理性の不完全性を証明することは学問の発展につながり、同時に歴史を発展させることなのです。学者は新しい真理を発見したときに、「これが最終的な真理だ」と自信を持って発表します。しかし、何十年かすると必ずその考えは否定されることになります。歴史も同様です。その時代には「これが最終的なものだ」として理念や考えが発表されますが、やがてそれは乗り越えられてしまいます。

例えば、正しいことの代名詞のように考えられている民主主義も例外ではありません。前章で述べたように、現在、社会のあらゆるところで民主主義の弊害が露呈してきています。悪平等・悪自由がはびこっています。こうした状況を見ても、いまの民主主義が最終的な社会の姿であるわけはありません。これから民主主義よりも素晴らしい社会の在り方を考えていくことが求められてくるはずです。民主主義を否定し、乗り越えて新しい社会を構想することができて初めて、時代や歴史は一歩前へ進むことになるのです。

では、絶対とされる理性という能力が実は不完全なものであり、限界があるということの学問的な根拠をどう考えればいいのでしょうか。物事を証明する場合には、常に、「時間と空間」という原理を使わなければなりません。空間論的な根拠とは現状分析から出てくる根拠であり、時間論的な根拠は歴史的考察から出てくる根拠です。この両面から攻めていかないと、いかなる根拠といえども完全とはいえません。また、皆を納得させることができません。

そこでここでも、理性の不完全性を証明するための空間論的な根拠と時間論的な根拠を考えてみることにします。

なぜ理性は不完全なのか？　①空間論的根拠

理性の不完全性の空間論的な根拠には、まず「人間や社会は合理的なものだけで出来上がっているわけではない」ということが挙げられます。もし人間や社会が合理的なものだけでできているとすれば、確かに理性は万能です。しかし、実際はそうではない。合理的なものと合理的でないものとが密接に絡み合って構成されています。

具体的にいえば、人間が人生の最終的な目標として求めていく愛や幸福や自由や生きがいは、すべて感じるものであり、理屈ではありません。また、勇気も感性から湧いてくるものですし、一見理性的なものと考えられる責任感も、感性の本音で感じていなければ本物ではありません。このように、人間において価値があるといわれるほとんどのものは感じるものであり、感性から湧いてくるものです。

例え話をすればこういうことです。夫が大会社の社長で、豪邸に住み、莫大《ばくだい》な財産を持ち、息子は東大に入っているような奥さんでも、「私はなんて不幸なんだろう」と嘆いていたりする。その一方で、六畳一間のアパートに家族四人で住んでいる奥さんが「私はなんて幸せなんだろう」と思っている。要するに、いかなる環境にいようとも、幸せを感じる感性さえ持っていれば人間は幸せになれるということです。幸せの実感は環境によって左右されるものではないし、理性的に状況を整えれば幸せが出てくるというものでもない。幸せは感じるものなのです。

同じように、愛も感じるもの、生きがいも感じるもの、自由も感じるものです。時間がたくさん与えられれば、それが自由かといえばそうではない。自分にしたいことがなければ、時間があるほど退屈なことはありません。したいことがあって、それができるというのが本当の自由であり、したいことができないという状態を不自由というのです。

理性能力によって人間社会の問題はある程度解決できるかもしれません。しかし、この世界が合理的なものばかりでできているわけではない以上、理性能力だけでは、人間や社会の問題を根本的に解決し尽くすことはできません。それは理性が有限なものであるということを証明しています。

なぜ理性は不完全なのか？　②時間論的根拠

次に、歴史的考察から出てくる理性の不完全性の根拠、つまり、時間論的な根拠について述べます。これについては、「理性という能力は人間が先天的に持っている潜在能力ではない」という根拠を挙げることができます。

今日まで大半の学者やキリスト教的神学系統の哲学者は、理性は神から人間に先天的に与えられた能力であり、人間という形を持って生まれてくれば誰もが理性を持っていると考えてきました。どの人間も同じように百四十億個の脳細胞を持って生まれてくることを一つの根拠に、「理性は誰にでも潜在的にある」と大半の学者が主張してきました。

しかし、百四十億の脳細胞があることが理性の存在を証明する根拠になるでしょうか。理性の働きとは「考える」ことです。しかし、脳細胞があるだけでは「考える」ことはできないのです。人間が考えるためには、まず人間が作り出した言葉を覚えなければなりません。さらに、覚えた言葉を結び付けることが必要です。すなわち、百四十億個の脳細胞がニューロンによって結び付けられなければ人間は考えることができないのです。

人間が考えることを始めるのは、二歳から三歳にかけてのころです。子どもはその時期からいろいろな言葉を覚えて話し始めます。そして、「あれ何？　どうして？　なんで？」とさまざまな質問をしてきます。そのときに「こうなのよ」と教えてあげると脳細胞と脳細胞がガチッと結び付いて、だんだん考えられるようになっていくのです。

つまり、理性・考える能力は、二歳から三歳にかけて言葉を覚え、言葉と言葉を結び付ける作業を通して発達してくるものなのです。理性という能力は人間が生まれながらに持っている能力ではなく、人間が生まれてから後に出てくる後天的な能力なのだということです。

しかも、理性の働きの根底に必要とされる言語は人間が作り出した不完全なものです。そんな不完全な言語を背負ってしか理性は働き得ないことも、理性が不完全な能力だという証明になります。この世界には言語では表現しきれない何かがあります。それを哲学では実体と呼びます。実体は感性の実感で感じ取るものであり、言葉で表現するとうそになってしまいます。

以上のように、時間論的に見ても理性は不完全なものといえるのです。

狼少女が教えるもの

一九二〇年、イギリスの牧師であり人類学者でもあった研究者がインドで二人の狼少女を発見しました。そのうちの一人はすぐに死んでしまい、もう一人は十年ほど生きて十六歳で死にました。彼女は発見されたとき、推定で六歳だろうといわれていました。

その研究者は彼女をどうにかして人間に戻そうと努力しましたが、ついに最後まで人間には戻りませんでした。声帯は人間のものですから、「お母さん」と言葉を教えれば「お母さん」ということはできました。でも、「お母さん」が何を意味しているかがわからなかったのです。発音はまねできるけれど、意味と結び付かない。言語の機能が概念として働かないのです。これは六歳まで狼のお母さんに育てられ、狼的な感性になってしまったために人間の言語の概念を持ち得なかったということです。研究者は必死になっていろいろなことを教えようとしましたが、ついに最後まで理性は出てきませんでした。

多くの学者のいうように、もし理性という能力が潜在的にあるとするならば、それを引っ張り出そうと努力をすれば、理性は出てくるはずです。しかし、出てこなかった。このことは、理性とは人間が潜在的に持って生まれてくる能力ではなく、後天的に人間が作り出した言葉を覚え、言葉と言葉を事実に合うように結び付けることを通してつくられてくるものであることを証明しています。人間の脳細胞の基本的組織の八十パーセントは六歳までに出来上がるといわれますから、その体系が狼的な習性になってしまうと、人間的な能力である理性はつくられなくなってしまうわけです。

神学者たちは「理性は神から人間に与えられた能力であり、潜在的な能力であるから、誰でも理性は出てくる」と考えていましたが、一九二〇年の狼少女の発見は、この論に疑問符を打つ、大きな出来事になりました。

理性を超える能力が人間の進化を促す

人間には理性を超えるさまざまな能力があります。世界的ないくつもの大発見や大発明が、理性を超えた発想から生まれています。われわれの身近なところでは、「知恵」という力も考えて出てくるものではなく、湧いてくるものです。理性で考え詰めてどうしようもなくなって、考えることをやめたときに湧いてくるのが「知恵」です。理性の力を使い果たし理性が働かなくなって、休んだり寝たり散歩したりテレビを見ていたり風呂に入っているときに出てくるのが「知恵」なのです。これも理性を超えた能力です。

また、人間が真に何かを愛するときにも理屈を超えた力が湧いてきます。仕事を本当に愛すれば、単に理性的に仕事をしている以上の力が湧いてきます。理性的にはできなかったことが、愛の力によってかなうことがあります。

さらに、命から湧いてくる欲求が理性を超えた力を人間に与えてくれることもあります。不撓《ふとう》不屈の意志は理性ではなく、欲望・欲求の強さであり、命から理屈抜きで湧いてくるものです。尋常の人間にはできないことが、強い欲求を持った人間にはできてしまいます。

このように、理性は人間の持つ最高の能力なのではありません。人間の中には理性能力を超えた力が内在しています。すなわち、進化の力、知恵の力、愛の力、意志の力があります。さらには生命力もあり、自然治癒力もあります。病気が治るのは理性の力ではなく、自然治癒力によるものです。人間のなかで働いている感性の力によって治るのです。生命力とは理性と感性と肉体とが協力し、相乗効果によってつくり出すものです。

今日までの人間は、人間の本質は理性であり、理性のみが唯一人間にとって信頼に足る能力であると考えてきました。理性以上の能力はないという信念のもとに、すべてのものを理性的に考え、理性的に処理することが最高なのだと考えてきました。しかし、現実には理性は限界に突き当たっています。離婚の激増や青少年の犯罪の低年齢化、精神の病や不登校やいじめなど理性では解決できない問題が多発しています。理性によって問題が解決できない以上、われわれの未来は理性を超えた力に懸かっているといわなければなりません。

知恵の力で生きていくためには知恵をつくる教育をしなければなりませんし、愛の力や意志の力の素晴らしさを現実の生活のなかで使用できる状態にしなければなりません。さらに、生命力や自然治癒力を自覚的に顕現させるようにならなければなりません。これらは、人類の進化というプロセスのなかで出てくる重要な問題となるのです。

謙虚な理性を持つ

理性能力は合理的にしか考えられないし、それにははっきりとした限界があります。いかに自分が正しいと思っても、それは決して絶対ではなく完全ではない。人間はもっと理性的に謙虚にならなくてはなりません。

理性を盲信してはいけません。理性は信じるものではなくて手段として使うものです。これはいくら強調してもし過ぎることはありません。というのは、現実の社会に起こる問題のほとんどは、理性で考えて正しいと思ったことをどこまでも主張することによって引き起こされるものだからです。民族戦争も宗教戦争も、与党と野党の対立も、検事と弁護士の対立も、仲間同士の対立も、近所同士の権利の主張の対立も、夫婦喧嘩も、例外なく自分が正しいと思うことをどこまでも主張するがゆえに生じる人間関係の破綻《はたん》を根本原因としています。

もし全人類が「どんなに自分が正しいと思っても、それは完全というわけではない」と知り、謙虚な理性を人間性として持てば、理性的に正しさを主張するがゆえに生じてくる戦争はこの世界からなくなってしまうといっても過言ではありません。謙虚な理性を持つこと、理性能力の不完全性をきちんと認識することは、世界平和の根本的な原理なのです。人類が真剣に世界平和を望むならば、この原理に立脚する以外にはありません。自分の考えに異論が出てくれれば、その異論に関心を持ち、耳を傾け、それを参考にして自分の考えを成長させようとする謙虚な理性が大切なのです。「理性は合理的にしか考えることができない不完全な能力だ」と認めることは、理性に対して否定的な認識を持つことです。しかし、これはまた逆に、理性にとって、さらによいことを考える礎となります。「よりよいことを考える」というところにこそ理性という能力の積極的な価値、本質があるのです。理性は本来前向きなものであり、よりよいことを考える能力なのです。事実、一つの知識に疑問を持ち、その根拠を証明することを通して新しい知識を創造して、学問は進歩し、歴史は進歩してきたのです。

そういう歴史的事実を忘れてしまっているところに現在の問題の根があります。理性によってすべてが「絶対こうだ」といえるとすれば、学問はこれ以上進歩しないのです。そこで歴史が終わってしまうことになります。だから今日の学者が理性を絶対のものとして理性信仰に陥っているのは間違いなのです。理性を絶対のものと考えるのは、近代の学問の在り方にすぎません。新しい学問は、その近代の理性を批判しつつ、それを乗り越えて、さらに一歩進んだ新しい理性の使い方を開拓しなくてはなりません。

物質の最終的な姿は「ゆらぎ」

物理学とは、自然を合理的なものとして認識するために、物質の最終的な姿がどうあるのかを見極めようとする学問です。そんな世界にいる物理学者たちが、いま、「理性は絶対なものではない」と感じ始めています。

物理学の最先端を走る量子力学の研究者たちは、物の世界の最終的な原理を、分子から原子、原子から原子核、原子核から中間子、中性子、陽子、電子、クオーク、ニュートリノへと極小の世界に追い求めていきました。理性によって物質の最終的な姿をつかもうとしたのです。その結果、出た答えとは、「物質の最終的な姿はゆらいでいてわからない」ということでした。これを分子生物学的に表現するならば、物質の最終的な姿は「カオス」であるということです。「カオス」を日本語に翻訳すると「混沌」です。「混沌」というと、混乱した状態を想像しがちですが、本当のカオスは混沌などではなく、「秩序を求める働き」を意味します。「秩序を求める」とは、翻って考えれば「いまは秩序がない」という状態です。つまり、物質の最終的な姿は理性ではわからないという意味で「ゆらぎ」とか「カオス」といっているわけです。そして量子力学はいま、物質の最終的な姿は意識や精神とどのように関わるのだろうかという研究に入ろうとしています。物理学は物性を超えて心性に至ろうとしているのです。

合理の最先端にある物理学がこのような状況にあることを考えても、理性的・合理的に考えることによって発展する学問は終わったといえるでしょう。これからさらに学問を発展させていくためには、理性に代わる原理が必要とされているということです。それを追い求めることが課題となっているのです。

私は、理性によって正しいことを主張してはいけないといっているわけではありません。正しいことは主張しなければなりません。しかし、主張することで人間関係を破壊し、対立を呼び起こし、戦争や殺し合いの状態にするような正しさは、かえって人間を不幸にしてしまいます。ここが大事なところです。理性がいくら「正しい」と判断しても、それは決して完全ではないのですから、謙虚な理性を持たなければならないということなのです。

そして、謙虚な理性を持つ人間が常に心しなければならない倫理観・道徳とは、「いかなる正しさでも、人間関係を破壊するような仕方で主張されるならば、悪になる」ということです。そういう新しい倫理観や道徳を自分自身に課さなければなりません。これこそまさに、これからの人間が体得していかなければならない世界倫理であり、根本原則です。

不完全な人間が本当に安心して生きていけるような社会や家庭をつくりたいと願うならば、いかに自分が正しいと思っても、対立を呼び起すような仕方で主張する限りは悪なのだ、という意識を自分のなかに持たなければなりません。そういう意識のもとで、対話する能力をつくっていかなければ人間性は成長していきません。

ソクラテスが開発した「説得の論理」

前章でも述べたように、今日まで人間が使ってきた論理は「説得の論理」です。これは、ソクラテスが開発し、それ以来ずっと続いてきた論理です。

ソクラテスは自ら開発した説得の論理で死刑になりました。多くの人民から裁判所に訴えられ、最終的に多くの人民から恨まれて、牢獄《ろうごく》の中で死ななければなりませんでした。

なぜそんなことになってしまったのかといえば、ソクラテスは理性の命令に従って生きることが人間として正しい生き方であると考えたために、彼は対話の相手を理詰めの論理で逃げ場のないところまで追い込んで、相手の感情や心を無視したのです。自尊心を傷つけられた相手は必然的にソクラテスを恨むことになります。

つまり、説得の論理には、生まれた時点から感性無視という大きな問題点があったのです。そこに私たちは気づかなければなりません。

しかし、理性を信じる西洋人はソクラテスを批判できないのです。「ソクラテスこそ大哲学者であって、死をもって自分の論理の正しさを証明した」というふうに西洋人は解釈していますから、ソクラテスこそは理性の英雄なのです。ゆえに西洋人にはソクラテスを否定することはできません。しかし理性の支配から人間を救出しなければならないということが、現在の人類の精神的課題になっているのですから、理性重視の西洋的人間観や価値観は、すでに終わっているといわなければなりません。これからの新しい時代をつくるためには、われわれ日本人の心の文化と、東洋的感性が重要になってくるわけです。

「説得の論理」とは「人間の本質は理性である」と考えるところから生まれたものです。「人間の本質は理性だから、自分の理性を使って相手の理性に向かって話し掛けることが大切だ。それでなければ人間が人間に向かって話していることにはならない」と考えるのが説得の論理の基本的な人間観です。西洋人の話法は、こうした人間観に基づいています。

これをゲーム化したのがディベートです。ある議題に対して賛成派と反対派をつくり、激論をさせる。そしてどちらが勝つかを競う。ディベートとは説得の論理のゲーム化にほかなりません。このディベートそのものには、ある意味で価値があるといえます。激しく論争することで自分の考え方の欠点がどこにあるのかがわかるからです。

しかし、われわれが自分たちの生活や仕事の上で説得の論理を使うことには、大いに問題があるといわざるを得ません。なぜならば、相手を説得しようと思えば思うほど、相手は自らの主体性や自説を守ろうとし、説得されまいと抵抗するからです。相手が何も考えを持っていない場合は別ですが、往々にして説得の論理は対立を生む原因となりがちです。

感性から生まれる「納得の論理」

感性論哲学では、人間の本質は感性であり、その感性の「実感」「本音」こそわれわれが「俺・私」といっているものの具体的な内容であると考えます。つまり、人間の本質は感性が人間化された「心」にあると考えています。心を人間の本質と考えると、人間が人間に話をするときには、自分の心を使って、相手の心に向かって話し掛けるという意識を持って、話さなければならないことになります。

こういう論理を「納得の論理」といいます。どうして納得の論理かといえば、理性が理解する能力であるのに対し、感性は納得する力だからです。そして納得とは、「なるほどなぁ」と腑に落ちる状態をいいます。「腑に落ちる」というのは、理性を超えて「五臓六腑に染みわたる」ようにわかることです。五臓六腑とはまさしく生命そのものですから、これは「命に染みわたる」といっても意味は同じです。

納得とは感性において初めて成立するものなのです。「心を使って話す」とは、わからせようとするのではなく、相手にわかってもらおうとして話すことです。そこには、相手にわかってもらいたいという祈りと願いが必要です。わかってもらえるように話すには、言葉を選び、態度を選び、表情を選び、目つきを選んで話さなければなりません。単に口で話すのではなく、目で語り、態度で語り、表情で語り、命で語らなければなりません。命で語るためには、相手の感情や心の動きを自分の感性で読み取り、言葉を和らげたり付け加えたりして、自分の心を態度や表情に表して、わかってもらう工夫をしなければなりません。つまり、わかってもらうために努力をしているということを表して話さないと、相手の心に訴えることはできないのです。

相手を聞く気にさせる目つき・表情・態度や、そこからにじみ出てくる真剣さ・真心・愛などは、いずれも感性に関わるものです。どんなにうまく表現したとしても、心がなければ伝わりません。言葉に頼るのではなく、心に語り掛けることが大切です。それが納得の論理なのです。

「発展的解消の論理」で人間性を成長させる

しかしながら、いかに納得の論理を用いて相手の心に話し掛けても、相手と自分との立場や考え方が違う場合には、やはり対立が芽生えてきます。そこで考えなければならないのは、「理性という能力はよりよいことを考えることができる能力である」という理性の本質です。これを活用しなければなりません。

すなわち、自分と違った意見に出合ったときは、理性を使って、その意見に興味・関心・好奇心・認識欲などを持つように感性を仕向けることが大切なのです。そして自分と違った意見に耳を傾け、その意見を参考にして、自分の考えをよりよい考えに発展させようという自覚を持つことです。これが感性論哲学で「発展的解消の論理」と呼んでいるものです。

間違っても自分の考え方で相手の考え方を変えてしまおうとしてはいけません。そんなことをしたら、人間関係は破綻してしまいます。ところが、たいていの人間は、この誤りを犯してしまいます。「自分の考え方のほうが正しいから、相手の考え方を自分の考え方になびかせよう」と考え、相手の意見を変えさせようと努力します。

しかし、本当に相手をなびかせようと思うならば、相手の考え方を参考にしながら自分の考え方を発展させ、相手の考え方を取り入れてしまうことです。しかも、それを相手にいわないで自分のなかでやってしまう。そうすると相手は、発展した新たな提案に自分の考え方が取り入れられているから納得しやすく、喜んでこちらに飛び込んできてくれます。

大事なのは一つの意見に拘泥《こうでい》することではなく、自分が成長することです。自分が成長すれば相手も変わります。発展的解消の論理を駆使できなければ、新しい人間性は生まれません。「説得したい」という気持ちが出てきたときには、納得の論理を使って「わかってもらおう」と努力しなければなりません。説得という意識になったら駄目なのです。相手の考えと自分の考えが違うことがわかったら、その時点でけじめをつけて、サッと引いてしまうことです。そして、相手の考え方をちゃんと聞いて、そこに自分が取り入れることができるものがあればどんどん学ばせてもらい、自分の考え方をもっと厳密で、すきのない、よりよい考え方にしていく努力をすることです。そういう姿勢を持つことによって、われわれは、「君と出会うことによって、僕はこのように考えることができるようになって成長できたよ。ありがとう」と言って異論を唱えた人間に感謝できます。

自分の観点からは見えないものを見せてもらえることが異論に出合うことの素晴らしさです。そのように自分を成長させることが人間関係において一番大事なことです。そのためには納得の論理と発展的解消の論理を駆使できる力をつくっていかなければなりません。それがなければ、これから求められる平和な世界をつくっていける人間にはなれません。説得の論理で押し通している限り、われわれは近代人でとどまってしまうことになるのです。

理性と感性との関係

ここまで理性に対する原理的批判を述べてきました。理性は不完全なものであって、絶対のものではないという理由がおわかりいただけたのではないでしょうか。次は、理性批判の上に立って、理性の「よいことを考えることができる」という能力と感性をどう関係させるかという問題について考えてみます。

人間は理性と感性と肉体の有機的統合によって成り立っているため、理性がどういうものなのかということがわかっても、実際に理性を働かせるときの理性と感性の関わらせ方を考えないと、実質的な判断はできません。そのためには、われわれの現実の人生や仕事のなかで、理性と感性がどのような働きを持っているのかを考えてみる必要があります。そこでまず、「感性の人生における役割」について考えてみることにしましょう。

感性の役割とは何か？

感性は欲求・欲望・興味・関心・好奇心などが湧いてくる源です。感性から湧いてくる欲求とは何を意味するのでしょうか。それは、われわれに人生の目的、すなわち「おまえにとって人生とはなんなのか、何を目的とし、何を実現することが、おまえの命の喜びとなるのか」ということを教えてくれているのです。感性は、人間に人生の目的を与えてくれる能力なのです。また、感性は人間に人生の問題を与えてくれる能力でもあります。感性は問題を感じる能力です。

それゆえ、感性から湧いてくる欲求を実現することは、人間の本当の命の喜びにつながります。命の喜びとは自分のしたいことができる状態であり、したいことがない人間に命の喜びはありません。人生の充実感とは、自分のしたいことができる状態に自分を置くことによって生まれ、それを求めることが人生の大事な目的となります。

感性から湧いてくる欲求は、それがどういうものであれ、「いま、自分にとって何をすることが命の喜びなのか」を教えてくれるのです。われわれが人生を生きる基本は、この感性から湧いてくる欲求を実現することにあり、命から湧いてくる欲求がないならば、どうしてもそれをつくらなければなりません。そうしないと、命を燃やして生きることはできません。

理性と感性をどう関係させるか?

感性から湧いてくるものをつくるために「理性を使う」ということが大切です。理性を使うことによって、感性から欲求・欲望・興味・関心・好奇心を湧き出させることができます。そのためには、理性によって「自分はどんな人間になりたいのか」と自問してみたり、物事の意味・価値・値打ち・素晴らしさなどを考えてみることが必要です。すると、感性が何かを感じ、欲求や欲望が湧いてきます。つまり、理性を使って感性を刺激することにより、感性から欲求・欲望・興味・関心を呼び覚ますことができるのです。

どうしてこのような理性の使い方をしなければならないのかというと、真に人生の目的となるものは感性から湧き上がってくるものであり、理性で考えた目的は、決して人間の命に真の喜びを与えてくれないということです。理性でつくった目的を実現しようと思うと、その瞬間からその目的に支配され縛られてしまって窮屈な思いをしなければなりません。一方、感性から湧いてきたものを実現しようとすると、そこに自由と喜びがあります。つまり、自由と喜びがあるかどうかによって、その目的が感性から湧いてきたものなのか、理性によって考えたものなのかがわかるのです。

理性の限界に突き当たっているいま、われわれには感性から湧き上がってくるものに原点を置いた生き方をどう実現するかが問われています。近代人は、感性から湧いてくるものを抑制しながら、理性で考えた目的を実現しようと無理をして、結局、自分で自分を苦しめて窮屈な思いをしながらつまらない人生を送ってしまっています。

事実、多くの大企業の社長さんが引退したときに嘆くのは、「一体自分の人生はなんだったのか」ということです。創業者社長はそうではないでしょうが、会社に就職して学歴と人間関係だけで出世したような大会社の社長さんたちは「本当にしたいことは何一つしていない」と思うそうです。

傍目《はため》からは功なり名を遂げたと見える人たちですら、自分の人生に悔いを感じるのはなぜでしょうか。それは、自分の命から湧いてくるものと無関係に人生の目標を考えてしまったからにほかなりません。他人から与えられた仕事は、自分の欲求とは無関係なものです。ゆえに与えられた仕事をしても、なかなか充実感は出てくるものではありません。

これから考えなければならないのは、命から湧いてくるものを、どのようにして人の役に立つような仕方で実現していくかを考えるために理性を使うということです。そういう構造のなかで、理性と感性を関係させていかなければなりません。感性から湧いてきたものを理性を使って実現させていくことが求められているのです。

悩みが人間を成長させる

「職業」とは、本来そういうふうに感性と理性を協力させ結び付けたところから生まれてくるものです。やりたいことをやるというのが職業の根本なのです。そうであるからこそ働くことに喜びを感じることもできるし、仕事で成功することもできるのです。やりたくないことを無理に行おうとすることは感性と理性が対立している状態であり、そのままでは決してうまくいくものではありません。

もしいま、自分のやっていることにもう一つ打ち込めないという人は、自分のやっていることの意味・価値・値打ち・素晴らしさがどこにあるかを考えてみればいいのです。すると、それを「感じる」ことができるようになります。感じると、それに対する興味や関心が湧いてきます。そして、自分に与えられたものがどれほど素晴らしいものだったかということに目覚め、だんだん打ち込んでいけるようになります。

成功するためには欲求を呼び覚まさなければならないのです。たとえ与えられた仕事であっても、そこに意味・価値・値打ち・素晴らしさを感じられるようになれば、人間はいくらでもやる気になれます。やる気になって取り組めば、そこから自分の満足感・充実感が生まれます。納得のいかない人生を送ってしまう多くの人は、感じる前に理性的な仕方で仕事をしてしまうからうまくいかないのです。その積み重ねがストレスとなり、人生の悔いとなって残ってしまうのです。

また、ときには「本当に私は幸せなんです。悩みがない」という人もいます。しかし、これも問題があります。なぜならばこういう人は、いま自分の持っている力でできることしかしていない場合が多いからです。できないことは全部断っているから何も問題が起こらないのです。つまり、成長していないことを幸せと勘違いしているわけです。成長している人間は、いつも何かの問題を抱えていなければなりません。問題が潜在能力を引き出してくれることになり、人間を成長させることにつながるのです。

感性は、人間の能力や人間性そのものを成長させるために悩み・苦しみ・問題を人間に与えてくれます。問題は「ないほうがいい」のではなくて、「なくてはならない」ものです。悩みや苦しみのあることが人間にとっては大事なのです。問題がなくなれば、そこで成長は止まってしまいます。経営上の問題が何もないという会社は時代に乗り遅れてしまいます。問題が出てくるのは、時代から使命が与えられたのだと考えなければなりません。

理性という能力は、感性によって与えられた悩み・苦しみ・問題をどうすれば乗り越えていけるかを考えるための手段として使うべきものです。すなわち主体は感性であり、理性は手段能力であり主観です。「主観的」という言葉が示すように、主観である理性には自分の立場からしか考えられないという限界があります。人間が自分の持っている力を全部出そうとすれば、理性と感性と肉体を有機的に統合して働かせなければなりません。

肉体的行動を通して得た体験や経験から、感性は問題を感じ、理性はその問題に答えを与えて、再び実践的行動のために肉体を使う。実践的行動において良い結果が出なければ再び理性で考えて、主観的な判断を次第に客観的な判断に成長させていく。これが有機的な理性の使い方です。理性の力だけで何かをしようとしても、三分の一の仕事しかできないのです。理性は、よりよいことを考え、欲求を実現し、悩み・苦しみ・問題を乗り越えるための手段として使わなければなりません。

病気は心がつくり、心が治す

理性によって感性から湧いてくる欲求を否定すると、自己分裂という精神状態に陥ります。つまり、理性と感性の対立によって人間性の破壊が起こり、矛盾を抱えながら生きていくことになってしまいます。ほとんどの内臓の病の原因がここにあります。

理性で自分のしたいことを我慢して仕事をしているから、そのストレスで胃潰瘍《かいよう》になり、十二指腸潰瘍になり、肝臓病になり、膵臓《すいぞう》病になり、心臓病になるのです。理性の抑圧という構造によって内臓が病むのは、内臓そのものが理性、感性、肉体の三つの有機的な相乗効果によって働いているからです。そこに対立という構造が生じれば、矛盾が生じ、正常な働きが阻害され、その結果、いろいろな機能障害が生じてきます。対立という状態は、それ自体が生命力の破壊であり、意識の分裂を引き起こすのです。つまり、生命自体が病んだ状態になり、病気につながるのです。

がんにも心が大きく影響しています。世界各国で報告されているように、手術をしなくてもがんが治ってしまうことや、がんがあっても健康な状態を保っていられることがあります。末期がんで「余命六か月」といわれた人が、本当にしたいことをし、喜んだり泣いたり、感動したりすると、がんの進行が止まってしまうことがあります。本人の感性の欲求のままに生きることによって、命が喜び、がんの進行を止めてしまうのです。生命力を高めるような矛盾のない、対立のない生活をすれば、がんさえも縮退していくということです。

これには医学的な理由もあります。人間の体のなかには〝マクロファージ〟という、黴菌《ばいきん》を食う細胞があります。このマクロファージは、人間が喜んだり、感動したり、生きがいを感じたり、やる気を出したりすると大きくなります。反対に、人間が悲しんだり、やる気を失ったり、抑圧されたりすると小さくなります。つまり、マクロファージが大きくなれば、がん細胞を食い、それによってがんは縮退していくのです。つまり、マクロファージを大きくするように心掛ければ、がんさえも克服できる可能性があるということです。

一般的に病気とは、心の持ち方・考え方・生活の仕方・判断の仕方・人間同士の付き合い方・仕事の仕方などに、命の本来の在り方と矛盾している部分があることを教えてくれるものです。命はこの地球上に生まれたものであり、本来病気にならず、健康に生きていけるようにできています。ところが、命はいろいろな要素の統合による相乗効果でできていますから、大宇宙や大自然の摂理に合わないような対立構造を心のなかにつくってしまうと命の働きが弱められ、相乗効果が破壊されてしまい、病気になるのです。

どんな猛威を振るう流行性の疫病がはやっても、かからない人がいます。それは命のバリアが働いて病気になることを防いだり、病気になったとしてもすぐに治してしまうからです。命はもともと自らの力で治るようにできているのです。それが自然治癒力というものです。がんにしても医者が治すのではなく、自分の生命力が治すのです。薬も注射も手術も病気を治す補助にすぎず、治る力は本来自分が持っており、自分が治ろうと思わなければ治らないし、治る働きを自分の命が活性化させなければ治る病気でも治らないのです。

命を活性化させるためには不安や心配事を除去することが大切です。不安や心配事は死の感情だからです。一方、安心は生の感情であり、人間を健康にします。不安を取り去り、安心を得るためには、理性と感性を対立させないことです。対立させず、協力させるのです。理性と感性を協力させることは、問題を解決し、人生を健康に、人間らしく生きていくための基本的な精神構造であるということができます。

知恵の活用

人生を人間らしく生きるために大切になってくるのが知恵の活用です。知識や技術は自分がそれを学んだ瞬間から古くなってしまい、絶対の信頼を置けるものではありません。そこで自分で考え出す能力、つまり知恵の力が問われることになります。われわれはどうすれば知恵のある人間となり、千変万化するこの現実を生き抜いていくことができるのでしょうか。

理性と感性の協力が知恵をつくる

すでに述べたように、知恵とは考え出す力のことです。知恵こそ理性と感性と肉体が協力し合ったところに生じてくるものであり、知恵を湧き出させるために理性を使うことは人間の最高の生き方になります。

ところが、現在行われている学校教育は、先生が生徒に問題を与えて考えさせるという方法をとっています。この方法では理性しか鍛えられないし、理性しか成長しません。人間性が成長しないのに頭だけが鍛えられるから、機械的な理性を持つ機械人間をつくってしまうのです。自分の命から湧いてくる問題や悩みが無視され、理性的な問題ばかりが与えられるから人間性が育たないのです。

現在の子どもたちの問題点として指摘される「他人に迷惑を掛けても平気で、心の痛みを感じることができない」のはこのためです。人をいじめても、人を殺しても心の痛みを感じない。それどころか、それがおもしろい遊びになってしまう。そんな低いレベルの感性しか持ち得ないのも、理性偏重の学校教育に原因があると考えなければなりません。

また、いまの子どもたちは非常に自己中心的な満足しか要求しません。いわゆる〝社会性〟が磨かれていません。社会性は理性の働きによって生まれてくるものです。それをつくるには、感性から湧いてくる欲求・欲望・興味・関心・好奇心・悩み・苦しみ・問題を、どうすれば多くの人に迷惑を掛けない方法で処理することができるだろうか、ということを考えるために理性を使うことです。そうすると命のなかで理性と感性が協力し合い、そこから相乗効果として「心」が生まれ、他人のことを考えますから「心づかい」をして心が成長して知恵が生まれ、社会性という感性が創造されるのです。

感性が人間化されなければ、人間は人間にはなれません。理性のみが発達して感性が幼い状態は人間とはいえません。人間の本質は感性であり、感性の実感が本当の「俺・私」です。感性が人間的な感じ方ができる心になることが人間の証明なのです。理性を使って感性を成長させることによって人間は人間となるのであり、そのあかしが社会性という生きる知恵なのです。

感性論哲学の立場から考えれば、問題児が正常であり、学校についていっている生徒のほうが問題児です。人間的な心を持った人間でありたいから現在の学校には行けない。これは極めて正常な感覚です。いまの教育は命から湧いてくる問題とは無関係な問題ばかりを与えて考えさせるため、脳が機械的理性になっているのです。

人間の心の痛みがわかる人間らしい心を持った人間をつくるためには、心は理性と感性の協力から相乗効果として生まれ出るものですから、子どもの感性から湧いてくる問題や悩みや欲望を、理性と関係させる教え方をしなければなりません。

知恵も命から湧いてくるものですが、命から湧いてきた問題に対して理性が関わって考えていると、問題が湧いてきたルートを通って知恵が出てくるのです。ですから自分の命から湧いてきた問題を持っていなければ、命から知恵が湧いてくる人間にはなれません。それが知恵をつくり出す方法なのです。いま、自分がぶつかっている問題がその問題を乗り越えるのに必要な潜在能力を引き出してくれます。この潜在能力の顕現が知恵というものなのです。

全力の努力が知恵を生む

遺伝子は命の知恵の結晶であり、人間はそれを一つひとつの細胞のなかに約三万個持っています。その細胞が六十兆個集まって人間の肉体はできています。その人間が問題に突き当たり理性能力を使い果たしてしまったときに、命が潜在能力から引っ張り出してくるのが知恵です。

知恵は遺伝子の束である染色体から湧き上がってくるのです。遺伝子は命が環境の激変という問題にぶつかって、必死に生き残ろうと努力したとき、命から新しい能力が顕現してきて、その能力の存在を表現するために命がその形を変えたとき、その情報が染色体にインプットされてできるのです。だから遺伝子は命の知恵の結晶です。

しかし人間の命から湧き上がる知恵は、アメーバの段階から人間に至るまでに積み重ねられてきた三万個の全遺伝子が有機的に協力し合い、その相乗効果として湧いてくるものなのです。だから、染色体を活性化させ、知恵を発揮するためには、過去において、自分の祖先の生物が、全力を振り絞って問題に対応して知恵を湧出《ゆうしゅつ》させたときと同じように、われわれもまた全力で問題にぶち当たらないと染色体が目覚めて全遺伝子が協力して働くという状態をつくり出すことはできません。

人間の命から知恵が湧き出てくるためには、理性能力においても知力の限界に到達する努力をしなければならないし、感性においても気力の限界に到達するまでの努力をしなければならないし、肉体においても体力の限界に到達するまでの努力をしなければならないのです。

全力で問題にぶつかると、必ず命は潜在能力から知恵を引っ張り出してきます。知恵が出てきた瞬間は、それまで自分になかった能力が突如現れるため、自分がしたことなのに不思議に思うことがあります。まさに神の助けに違いない、自分のなかから神が湧いてきたという気持ちになってしまいます。それが命の知恵の顕現なのです。

オリンピックで世界新記録が出るとき、選手が記録を見て自分で感動していることがあります。まさに神の助けのように感じるのでしょう。でも実際は、そこに自分の力を超えた命の力が出ているのです。自分の力に頼ってしまうと記録は決して出ません。理性で考えている間は抑制が働き、記録どころか、自分の最高記録さえ上回ることはできないでしょう。本当に技術が身につき、考えなくても足が動く状態になり、一心不乱になって競技に臨んだとき、自分でも驚く世界新記録が出る。そして、新記録を出したときの自分の動きを後でビデオテープで確認してみると、自分がいままで技術的には持っていないようなことをやっていたりするわけです。

これも潜在能力の顕現であって、肉体を通した知恵ということができます。知恵は限界を超えたところから湧いてくるものなのです。

知恵の力で教育を変える

現在、教育改革の議論が盛んに行われていますが、それを成功させるためには、子どもたちに何を教えるかを考えなければなりません。新しい時代を築く人間に教えておかなければいけないこと、教えなくてもいいことを区別して、できるだけ教える分量を少なくして、すべての人間にそれが体得できる状態にし、さらに理性に勝る知恵を引き出すような教育をすることが大切です。

実際にアメリカではそのような教育が行われています。子どもの持っている問題意識に密着した仕方で先生が指導を行っているため、日本に比べると創造力の豊かな学生が成長しています。しかし、教えている内容は理性主導の現在の学問がつくったものなので、結局は教える意識が強すぎて、子どもたちが自ら育とうという力を抑えています。これは全世界の教育に共通する問題です。

子どもたちは感性を持ち、時代とともに成長しています。その感性がいま、大人が与えようとしている教育に対してノーといっているのです。子どもたちはそのことを自覚していないかもしれませんが、子どもたちの命が明らかにそういっています。命の欲求に合ったものを与えれば、子どもたちは喜んで勉強を始めるのです。そんな命の喜びを感じながら学べるような学校をつくっていかなければなりません。

そのために必要なことは、歴史の声に耳を傾けることです。一体いまの歴史は何を要求しているのか。いま起こっているさまざまな現象を見ていると、「これはなんとかならないかなぁ」という疑問が湧いてくることがあると思います。その疑問は命が求めているあるべき姿と現実との間に生まれる違和感です。それが歴史の声なのです。歴史が「自分たちの時代に合う理性的形式を与えてくれ」といって起している問題が、違和感として感じられるのです。

われわれは理性を使って、現実に湧いてくる問題にこたえて、歴史が要求する新しい形を創造する工夫・努力をしなければなりません。そして本当の工夫・努力をするためには、単に顕在能力である理性に頼るのではなく、命から湧いてくる潜在能力の顕現、つまり知恵がなければなりません。

そして、知恵を引き出すためには、先に述べたように、いま自分の持っている力を全部使い果たすところまで努力しなければなりません。自分の持っている力の限界内でのうのうと仕事をしているようでは時代はつくれません。まだまだいまの人間は力に余裕があります。もっともっと真剣になって、自分を追い詰めて、体力、知力、気力の限界に到達する努力をする必要があります。そうした努力なくしては、新しい時代は決して見えてきません。

人間性の進化

ここまで三つの話をしました。「理性への批判」と「理性と感性との関係」と「知恵の活用」です。この三つは脱近代の人間性をつくるために欠かせない原理です。

次は、脱近代の人間性をつくるための四番目の原理である「人間性の進化」です。

勝つことから力を合わせることへ

四番目の原理である「人間性の進化」を具体的にいうと、「勝つことよりも力を合わせることに人間としてのより大きな喜びと価値を感じる感性を持つ」ということになります。今日までの人間は、勝つことに最高の喜びを感じていました。しかし、勝つことだけでは成長・進化はできないという段階に、いまようやく人類は到達したのです。これから成長するためには、勝つ力ではなく、力を合わせる力を習熟しなければなりません。どういうふうに力を合わせれば最高の相乗効果をつくり出せるかという原理を追求することによってしか、人類の発展はありません。

なぜかといえば、人間や会社の本当の目的は勝つことではなく成長することだからです。勝つことは成長するための一つの方法でしかありません。しかも、勝つことで成長する段階はすでに二十世紀で終わっています。

これからの成長原理は、競争の原理ではなく、力を合わせ統合することで相乗効果をつくり出す創造の原理です。競争の原理から創造の原理へと発展の原理は変わっていかなければなりません。これは生命進化の原理が弱肉強食から適者生存へと大転換したことに対応するものです。

また縦型社会から横型社会へと社会構造を変化させるためにも、この競争から創造への原理転換と、力を合わせるという統合とパートナーシップの精神は大切です。さらにそれは、地球時代から宇宙時代へと変わるための発展の原理にもなってくるのです。

二十世紀は人間が人間を支配するという構造が崩れた時代です。官僚支配が壊れたことが社会主義国の崩壊の根本原理となったことを考えても、権力的支配によるリーダーシップはもうやめなければなりません。

これは会社の経営にも当てはまります。これからは自分の会社だけが利益を出すことを目指すのではなく、他社と自社の能力を協力させると何ができるかを考えることでしか新しい利益をつくり出す道はありません。リスクを最小限にとどめながら、新しい利益が出る状況をつくっていく方法は協力しかないのです。「協力したらこんなことができます」と提案することによって職業間領域に新しい事業をつくっていく。それが進歩につながるのです。

新しい原理に目覚めて、会社を発展させ、自分が成長し、平和で安心して生きていける社会をつくっていく。そういうことができるように、自分自身の人間性を進化させていくことを考えなければなりません。

生き方の変革

脱近代の人間性をつくる五番目の原理は、「人生観・生き方の変革」です。

いままでは「偏見を捨てなさい」とか「短所をなくしましょう」といった道徳・倫理観・人生観が人間を支配していました。「物欲はあまり持ってはいけない」「我の強い人間は駄目だ」「我を捨てよう」というように、理性的な作為によって、偏見や欲や我をなくさせようとするような倫理的価値観がずっと人類を支配してきました。しかしいま、ようやく人類は、それらの倫理的価値観を乗り越えなければならない段階にたどり着きました。

では、それはどのような仕方でなされることになるのか。それについて考えてみることにします。

偏見を認めて乗り越える

偏見は、人間が肉体を持ち、それゆえに自分の立場からしか物が見えないという乗り越え難い限界によって起こるものです。どんな人でも、その人なりの偏見があります。

しかも、肉体は自分が望んで獲得したものではなく、大宇宙・大自然の摂理によって人間に与えられているものです。だからこそ、偏見は人間にあって当然のものなのです。むしろ、偏見を捨てろというのは大宇宙・大自然の摂理に対する謀反であり、反逆であるということになります。

偏見を捨てずに乗り越えるためには、まず最初に「自分には偏見がある」ことを素直に認めることです。それしか、人間には偏見を乗り越える道はありません。偏見があるからこそ、他人の言葉に耳を傾け、自分の偏見を修正していくことができます。それが人間を謙虚にさせ、人間らしい謙虚な心をつくり、人間性を成長させてゆく道なのです。

偏見をなくす努力をした人は、「自分には偏見がないから自分のいうことを聞け」と傲慢《ごうまん》になります。また、「偏見を捨てようとしてもなかなか捨てきれません」という正直な人は、人間であることに絶望してしまいます。偏見を捨てようとする努力は、最終的に人間を傲慢にするか絶望に導くかどちらかなのです。

大宇宙の摂理によってつくり出された人間にふさわしい方法で偏見を乗り越えていく道は、「自分には偏見がある」ことを素直に認める以外にはありません。それが大宇宙の摂理によってつくり出された人間にふさわしい生き方の原理です。

感性論哲学では、宇宙には無駄がない、だから「すべての存在は生かして使わなければならない」と考えます。偏見があることを認めると、われわれは異論に寛容になります。そして、それに耳を傾けて、そこから何かを学ぼうという謙虚さが出てきます。存在を生かすとはこういうことです。それは人間を成長させる原理となります。

物欲が文化・文明をつくった

よく「物欲を捨てろ」とか「足るを知れ」といいます。これも誤りです。足るを知ってしまったら、それ以上の発展は望めませんし、物欲は捨てるものではありません。物欲も偏見と同様に肉体があるから出てくるものです。それゆえに、物欲を否定することもまた大宇宙・大自然の摂理に対する謀反であり、反逆なのです。人間が成功し、健康に生き、幸せになる道は、大宇宙の摂理に沿った生き方をすることにあるのですから、物欲を捨てる必要はまったくないのです。

だからといって、私は単なる物欲を肯定しているわけではありません。人間が物欲を持っている意味を知らなければならないのです。人間が物欲を持つ意味とは、物欲を、理性を使って、人間的に品格のある、洗練された物欲に変えていこうと努力するところにあります。そうした努力によって、人間は文化をつくり、文明をつくり、歴史をつくってきたのです。

食うものさえあればいいという考えでは、食文化は発達しません。寒さをしのげればいいんだという考えでは、服飾文化は発達しません。すべて発展のなかには、物欲を人間的に品格ある、洗練された物欲にしていこうとする努力があります。物欲に基づいた成長原理が文化や文明を発展させる原理となったのです。

文化はまさに物欲の洗練化です。お茶を飲むという動作を茶道にし、文化にしていくまでには、人間がお茶を飲むという行いを洗練して品格のあるものにしようとする努力があったはずです。それがなければ、お茶を飲むことが茶道として確立されるはずがありません。人間は自然から与えられたさまざまな行いを品格ある洗練されたものにしていく努力を通して、人格を形成し人間を鍛えるということをしてきたのです。

我は人間の存在証明

「我」は自己があるから出てくるものであり、自己の存在に対する理性的自覚です。そして、自己という存在の物質的土台は肉体です。ゆえに、肉体があって理性がある以上、我があるのは当たり前のことです。したがって、我の弊害を乗り越える道は「自分には我がある」と強く自覚する以外にはありません。

禅宗のお坊さんが非常に傲慢な強圧的な態度で迫ってくるのは、「我を捨てる」という修行を根本にしているからです。自分には我はないと思うから、自分と異なる意見は我のある低レベルの考えだと判断して、威圧的になるのです。我を捨てるという努力も、人間を傲慢にするか絶望に追いやるかのどちらかしかありません。

「自分には我がある」ということを認めれば、そこに人間的な心である謙虚さが生まれます。それが人間らしい心です。そして、我があるということを認めた上で、この我を小さな我（小我）から大きな我（大我）へと成長させようとすることから人間は成長できるのです。

仏教でも老荘思想でも大我といいますが、それは仏のような心、天のような心のことです。感性論哲学でいう大我は違います。感性論哲学は人間であることに徹するという立場に立ちます。それゆえ、大我も仏のような心になることではなく、「人間性の幅をつくる」ということです。すなわち、「包容力のある人間になる」ということです。暴走族とも付き合えるし、学者とも話ができる。それほどの人間性の幅をつくっていくことが感性論哲学における大我です。それが人間らしい人間を極めていくという作業なのです。我を捨ててどうして我を成長させることができるでしょうか。我とは個性ある人間の存在証明にほかなりません。

しかし、どうして仏教は「我を捨てろ」というのでしょうか。それは、人間としての我を持っていると仏のような我には成長できないからです。人間としての我を捨てて仏のような心になる状態まで成長していきなさいということから、「仏心を持て」といいます。

そのために仏教の修行の体系には十界論があります。一番根底に地獄界、その上に餓鬼《がき》界、畜生界、修羅界、人間界とあります。人間界に人間は住んでいるわけですが、人間界の上には天上界があり、天上界の上には声聞《しょうもん》界、縁覚《えんがく》界、菩薩界とあって、一番上に仏界がある。階段を昇って仏の我を得るためには人間界の我を捨てなければならないわけです。ゆえに、仏教は我を捨てろというのです。

感性論哲学でいえば、それは「小我を捨てろ」ということですが、さらに厳密にいえば小我を捨てるのではなく、小我を認めることが大事です。それが我を大きくしていくことになるからです。我は個性を持った人間の存在証明であり、我を捨ててしまっては人間の成長はありません。

人間は、我があることを強く自覚することによって人間特有の謙虚な心をつくり、他の考え方や立場から何かを学び取りながら人間として成長してゆけるのです。

短所と長所は半分ずつ

大宇宙の摂理の根本原理は、マイナスエネルギーとプラスエネルギーのバランスです。この二つのエネルギーのバランスによって、大宇宙は秩序を保っています。そして、その摂理によって、人間はつくられています。だから人間は最初から、長所半分、短所半分という構造で人間性のバランスをとるようにできているのです。

短所はどんな人間にもあるものですし、なくなるものではありません。短所のない人間はいませんし、短所のない人間は人間とはいえません。しかも、短所・長所は誰と付き合うかによっても変わります。相手との関係のなかで、自分の持っているどの部分が長所になり、どの部分が短所になるかが違ってきます。しかし、誰と付き合っても、短所・長所が半分ずつ出てくることは変わりません。

何かを基準にして判断すれば、その左に出るものと右に出るものはいつも半分ずつです。大宇宙はそのような法則で成り立っています。前と後ろがあって現実。裏のない表はない。表裏一体なのです。前後左右、上下、男女、全部が対になっています。

人間性も対という構造を持ってできています。ゆえに長所と短所も二つで一つなのです。なくならない短所をなくそうとすると、平々凡々たる人間で終わってしまうことになります。なぜなら、なくならない短所をなくそうと努力すれば、長所が伸びないからです。伸びる長所を伸ばすことが大宇宙の意志です。伸びる長所を伸ばして、何事か役に立つ仕事をすることが大事なのです。

長所を伸ばさなければ、短所は永久に単なる短所のままで、そこだけが目立つことになります。他人から一目置かれるような長所を持った人間は、短所が目立ちません。それは、短所が人間の味に変わっているからです。それが生命の持つダイナミズムであり、原理なのです。短所も長所も生かさなければなりません。

長所を生かして他人から一目置かれるようになると、普通の人間は傲慢になりがちです。しかし、目立つ長所を持ちながらも自分にはこういう短所があるのだという自覚があれば、それが人間を謙虚でいさせてくれます。ゆえに短所はなくしてはならないし、なくす必要もありません。短所への自覚が人間に人間らしい心をつくってくれるのです。

すべて肯定する

どうしてもこれだけはいやだという短所があっても、短所をなくそうとする否定的な意識は持つべきではありません。そういうときには、その短所があまり出てこないように注意するぐらいでいいのです。否定的な意識を持つと人間は病気になってしまいます。命にとって、否定ということほど害になるものはありません。病気や失敗も、どんな罪であっても、それをマイナスと考えず、そこから何かを学び取ろうとすることが大切なのです。

どんな体験にも、それを体験した人間にしかわからない何かがあります。そのことによって何かを教えてもらえるのです。したがって全部がプラスであり、全部が積み重ねとなって成功の人生へとつながるのです。あらゆる体験は何かを自分に教えてくれる。そういう姿勢で生きることによって、命は健康になっていきます。

否定的な道徳や理性によって人間に完全性を求めるような倫理的価値観は一掃しなければなりません。本当に人間らしい生き方を人間の命に与えるためには、そのことが必要なのです。そして、偏見を生かし、物欲を生かし、我を生かし、短所を生かすのです。そういう「存在を生かす」という原理にのっとって、大宇宙の摂理を体現するような新しい人間観と人生観を持たなければ、新しい時代に対応できる知恵が湧き出てくるような人間にはなれません。

感性的な判断能力

脱近代の人間性をつくるための六番目の原理は、感じがいいか悪いかという「感性的な判断能力」を重要視することです。すなわち、感じがいいか悪いかという判断は人間的総合判断であり、理性と感性と肉体が相乗効果をもって働いたときに出てくるものです。それは感性だけのものではなく、理性も肉体も協力しており、それを原理にして考えれば、人間的に的確な判断ができることになります。

いい感じか、悪い感じか

理性にこだわった判断が非人間的な偏ったものになってしまうのは、そこに感性や肉体が参加していないからです。理性は人間を善か悪かという価値観で切ってしまったり、正しいか間違っているかという判断で切ってしまいます。そのため、素晴らしい才能をつぶしたり、人間を生かすことができなかったりすることが多々あります。

例えば、田中角栄さんのような大政治家を正しいか間違っているかというちっぽけな判断で罪人にしてしまったのは、日本民族の恥であると私は思っています。もっと能力を使ってもらって、国民のために働いてもらうべきでした。罪を犯すことによってつかんだものを生かして、もう一度働いてもらうのが日本のためだったのです。

大切なのは、偏った「善か悪か」で判断したり、「真か偽か」で判断することではなく、人間的な総合判断をすることです。理性的に偏った狭い部分的な判断で人間を認識し、切ろうとするから大局を見失うのです。ここには近代人の人間に対する理解の浅さが露呈しています。

今日の子どもたちを教育するためには、「いい感じか、悪い感じか」という感性の判断原理を最も重要なものとして使う必要があります。していいことと悪いことを理論や理屈で教えてはいけません。いろんなパターンを見せて、「どれが一番感じがよかったか」を聞いて、「これが一番いい」と答えたものをやらせればいいのです。理屈は何一つ要りません。感性に問えばいいのです。

例えば、靴の並べ方を教える場合は、いろんな靴の並べ方を写真に撮って見せて

「どれが一番感じがいい？」と聞いてみるだけでいい。子どもが「これがいい」と選べば、「それでいきましょう」ということにすればいいのです。特に幼稚園から小学校の教育は、そういう仕方で教えていかなければなりません。そうしないと、今日の子どもたちを納得させることはできません。

今日の子どもたちは理性人間ではなく、感性人間になっています。感性の実感と本音を何よりも大事にして生きようとしています。ゆえに理性で理屈をいって作為を用いたら、彼らはそっぽを向いてしまいます。少なくとも小学校からの教育は、すべて「いい感じか、悪い感じか」だけでいいと思います。倫理的な道徳判断は全部「いい感じか、悪い感じか」で行えばいいのです。大人になったらこれだけでは駄目ですが、子どもの間は感性が一番強いので、これで十分です。

以上、脱近代の人間性をつくるための六つの原理を挙げてみました。新たな時代の流れに対応するためには、このような原理にのっとって変わっていくことが求められているのです。そのための指針として掲げるべきことがこの六つです。次章以降では、この六つの内容について、さらに掘り下げて説明していきたいと思います。

第三章

感性の本質と構造と働き

人間観の革正

本章では「感性の原理」について詳しくお話ししてみようと思います。つまり、感性の本質とはどういうものなのか、また、それはどういう構造を持ち、どのように働くのかが、ここでのテーマです。

感性を原理的に理解するためには、その前段階として「人間観の革正」というものの必要性についてお話ししなければなりません。ここから入っていかないと、感性を問題とする理由がはっきりしないのです。では、どのように人間観を革正することが必要なのか、まずはそのあたりの話から始めようと思います。

二元論的人間観の問題点

人類は原始宗教が始まって以来、ずっと「人間は精神と肉体との結合である」という二元論的人間観を基礎として人間を理解しようとしてきました。今日ではこのような単純な二元論的考え方をする人は少なくなってきましたが、まだ完全に克服されたわけではありません。

こうした二元論的人間観は、その根拠を宗教的な考え方に置いています。そこでは、人間とは「動物に由来する肉体」と「神に由来する精神」とが合体したものであるととらえられ、「神に由来する精神が動物に由来する肉体を支配して統御する」と考えられていたのです。それが原因となって、一人の人間の中には「肉体に由来する私」と「精神に由来する私」の「二人の私」がいるという意識が芽生え、それがいまも残っています。

肉体に由来する私とは、いい換えれば、欲求や本能や感情に属する私ということです。一方、精神としての私とは、理性として意識されている私です。二元論では、自分のなかにはこの二人の私がいて、理性としての私が本能や欲求としての私を統御し支配しないと、人間的な生き方ができないと考えてきました。これが長い間の常識的な考え方でした。

しかし、一人の人間のなかに二人の私がいるとする見方は、原理的に考えれば、自己分裂の人間観といわなければなりません。確かに二人の自分がいると意識することもできますが、本当に自分は二人いるのかといわれれば、自分は一人しかいないのです。泣くのも、考えるのも、何をするのも、同じ私、唯一の私がしていることです。ゆえに、「私は一人である」と考えるしかありません。意識の分裂を問題とするのが間違っているとはいいませんが、分裂した意識を持っていることを肯定するのは人間の在り方として問題が多いといわざるを得ないのではないでしょうか。

すでに述べたように、こうした自己分裂の問題を初めて提起したのはフロイトです。フロイトは、神に由来する理性によって動物的欲求・感情・本能などを統御して生きていこうとする生き方はストレスを生み、それがノイローゼとなり、ヒステリーとなり、いろんな精神病の原因や内科的な病気の原因となると指摘しています。意識の分裂によって病気が起るという発見をしたわけです。

二元論的人間観は自分のなかに「対立」要因を抱えてしまうことになり、自分を「統一」できません。理性と欲求を対立させ、理性と感情を対立させ、理性と本能を対立させるという対立の構造でしか現実の問題を処理できない状態になってしまいます。これは二元論的人間観の大きな問題点です。

自己は実感、自我は観念

このように自己分裂という状態は非常に問題の多い精神状態といえますが、人間である以上、誰しも自己分裂を体験することになります。それは「自我の目覚め」です。自我の目覚めとは、自分の意識のなかで「見る自分」と「見られる自分」が分裂し、成長し始めることをいいます。この分裂によって自我は目覚めるのです。

どうして自我の目覚めが起こるのかといえば、人間が肉体としての「自己」を持っているからです。自己とは体験や経験が意識の中で集成されたもののことであり、理性という能力は最初この自己のなかで成長していきます。理性が自己のなかで成長していくというのは、言葉を覚えていく過程を見れば明らかです。子どもというものは二歳から三歳にかけてだんだん言葉を覚えていきます。このとき、言葉と言葉を体験や経験した事実に沿って組み合わせて覚えていくことになります。それによって会話をし、文章を作ることができるようになります。理性は言葉を覚えるということを根底に成長するものですが、最初それは体験や経験と密接に結び付いているのです。ゆえに、理性は自己のなかで成長していくということがいえるわけです。

ところが、理性がどんどん発達していくと、やがて自己の世界である体験・経験を理性の世界である観念が凌駕《りょうが》する瞬間が訪れます。この瞬間こそが自我の目覚めです。つまり自我の目覚めとは、理性が自己の世界を超えて独立した働きを獲得し始めることなのです。

自己は「実感の世界」であり、欲求や感情が支配している世界です。一方、自我は「観念の世界」であり、理性が支配している世界です。そして理性とは共通言語を基礎に成長するものですから、客観性と普遍性の能力ということができます。つまり、理性という能力は、体験・経験を通して言葉とともに成長していき、やがて体験・経験の支配する自己（実感）の世界を超え、そこで自我（観念）が目覚めてくるという構造があります。

また、自我が目覚めると、「見る自分」である自我が「見られる自分」である自己を教育できるようになります。つまり、自分で自分を教育するという生き方ができるようになるわけです。その意味で、教育学的な立場から見ると、自我の目覚めは大きな分岐点になります。自我が目覚めなかったら、誰かに教えてもらわないと成長できないことになってしまいます。それでは「俺が俺の気に入った自分をつくる」ということができないわけです。そうであっては困ります。

いまの子どもたちは十三歳から十五歳の間に自我の目覚めを迎えるといわれます。つまり、十五歳にして学に志すことになります。この時点で自己と自我が分裂し、「自我としての私」と「自己としての私」という意識が出てきます。そして同時に、「理性としての私」と「本能としての私」が出てくることになります。

このように、自分のなかに二人の自分がいるという意識は、単に宗教的な、あるいは、伝統的な二元論的人間観からだけ出てくるのではなく、一人の人間の成長過程において、いつの時代でも、誰でも体験することなのです。

命は否定・対立の意識で病む

自己分裂は誰でも成長過程で体験することであり、その意味では避け難い意識なのですが、かといって自己と自我の分裂をそのまま放置しておいていいわけではありません。というのは、そこに「対立」という要因が出てくるからです。これが大きな問題になるのです。

生命というものは、命を構成するすべての要素が互いに有機的に結び合い、協力し合って生まれる相乗効果の世界です。ゆえに生命のなかに少しでも対立要因を持つと、命は破壊されてしまい、生命力が弱り、病気にかかりやすくなります。先に見てきたように、このことをフロイトは精神医学の観点から指摘しました。

生命のなかに対立要因を持つと病気にかかりやすくなるというのは、命の相乗効果が発揮できなくなるからです。つまり、病気とは命を構成する要素が対立している状態であり、健康とは命を構成する要素が互いに有機的に協力し合っている状態といい換えることができます。それゆえ、理性と本能、理性と感性、理性と感情、理性と欲求を対立させると命の相乗効果が破壊され、病気になってしまうのです。理性を絶対のものと考えたり、無意識にでも本能・感情・欲求などを自分にとって都合の悪いものとして否定的にとらえると、必ず肉体のどこかが病むことになります。

これは医学的にも確認されています。被験者が嫌だなと思うことを無理にさせたあとで、胃カメラを飲ませて胃の状態を調べる実験をしたところ、炎症を起こしたり、穴が開いていたというのです。対立や否定的な感情を持つだけで胃に穴が開き、ひどくなると臓器全体が病むこともある。抑圧されたり、支配されたり、対立して気を病むと、人間は内臓の病気になってしまうのです。厳しい人間関係の対立を経験しただけでも、また、他人に対して敵対心を持ったり、恨んだり、妬《ねた》んだり、外の世界に対して否定的な心情や対立心を持っても、命は病んでしまうのです。

それはなぜかというと、生命とは自分の命だけで完結した閉鎖系でなく、開放系なのです。生命は外にあるものを取り込まなければ生きていけません。すなわち外の世界・環境と生命は一体不離の関係にあります。この関係を大きくとらえるならば、生命は全宇宙と結び付いているということもできます。全宇宙との関わりのなかで生命は存在しているために、宇宙との関係を断ち切るような意識を持つと、命は生命力を失ってしまうのです。

外界と生命との関係は目には映らないから、実感として意識されにくいかもしれません。しかし実際に病気になった人を調べてみると、その大半は、外の世界に対して否定的・対立的な意識を持っていたり、自分のなかに倫理的に厳しすぎる潔癖性を持ち、自分を責めていたりすることがわかっています。これは心療内科的な世界における医学と心理学との共同研究によって確かめられていることです。閉鎖的な意識になれば、必ず肉体のどこかが病むのです。

これを別のいい方で表現すれば「善心は身を助け、悪心（対立心・敵対心）は身を滅ぼす」といってもいいでしょう。悪心は内部から身を蝕《むしば》み滅ぼすことになります。ゆえに、できるだけ悪心を持たずに生きていくようにしなければなりません。それが健康を保つために必要なことなのです。仏道の修行も、つまるところ悪心を遠ざけて善心を満ちさせるということを目指しています。仏教では、長年にわたる実体験を通して「よい心をつくることによって人間は健康になるし、長生きできる」と主張しているのです。これは人間の生き方の根幹をなす重要な考え方ですから、ぜひ覚えておいてもらいたいと思います。

「私」とは何か？

自己と自我の対立の構造が病気の原因となることをフロイトは指摘し、欲求を理性の支配から解放することによって病気治療の可能性があることを提示しました。しかし、そのフロイトにしても、二元論的人間観に代わる新しい人間観を掲げることはできませんでした。

しかし、命を分裂した状態で認識してはならないということは、われわれにとって切実な課題になっています。走るのも考えるのも泣くのも「ただ一人の私」がしていることです。そうした「統一された我」をどこかに求めていかなければ、フロイトが指摘したような対立構造を乗り越えていくことはできません。どうすれば自己と自我、本能と理性の対立を乗り越えることができるか。それを考えることは二元論的人間観を超えて、命の正しい姿である一元論的人間観へわれわれが自覚的に成長していくために、とても大事な問題なのです。

近代は、人間の本質は理性であると考え、理性によってすべてのものを合理化しようとしました。その結果、人間性が破壊され、さまざまな問題が起こってきました。

しかし、すでに述べたように、人間の生命は肉体と理性と感性の三つが相互に協力し合って構成されているのであり、理性が全体を一方的に支配しているわけではありません。そのことに気づかずに、理性が一番大事であるとしたことによって、人間性のゆがみが現れてきたのです。

そこで問題となるのは、どうやって肉体・理性・感性の三つの要素を有機的に結び付けて働かせるかです。こういう生命観を根底にして「私とは何か」を考えることが、いま、求められています。それがわからなければ、自己と自我の統一はできません。どうすれば自己と自我を統一できるのか、どうすれば理性と欲求を協力して働かせることができるのか、つまり、有機性の原理とはなんなのかということを追求しなければなりません。

この問題はいまだ哲学の分野でも扱われていません。戦後フランスで盛んになった身体論や、仏教の「心身一如」とか「色心不二」の思想は、「物体的なものと精神的なものが一体不離の関係で存在しているのが宇宙であり人間である」として、身心は一体のものであると考えます。しかし、それがどのように結び付いているかということまでは証明できていません。

二元論的人間観を原理的に乗り越えて、「唯一の私」を見つけ出すためにはどうすればいいのか。それについてこれから考えていくことにしましょう。

「私＝肉体」と考える唯物論哲学

われわれが「私」といっているものはなんなのか？　何が「私」の根拠になっているのか？　これは長い間、哲学のテーマになってきました。今日まで、いろいろな仮説が唱えられてきました。

唯物論哲学は「私とは肉体である」と考えました。古典的な唯物論では、この肉体は単なる肉体のことですが、最近の唯物論哲学は、生命を構成する肉体的要素が「私」であり、「宇宙の究極的実在」であると考えています。

しかし、この考え方には無理があります。というのは、生命を構成する肉体的要素である細胞は大体六か月から二年ぐらいの間に全部入れ替わってしまうからです。もしわれわれが「肉体が私という意識の根拠となっている」と考えるならば、われわれは六か月から二年の期間で別人になってしまうと考えなければなりません。

人間の肉体とは流れる川のようなものです。一時の休みもなく外的世界との交流のなかで新陳代謝によって入れ替わっています。しかし「私・俺・自分」というものは、生まれてからいままで変わることのない「同じ一人の私」です。老いても若くても、自分のなかではずっと同じ「私」であり続けます。ゆえに、「肉体が私という意識の根拠である」とはいえないのです。これは論理だけでは理解しにくいかもしれませんが、次章で述べる「感性が肉体をつくる」ことを理解してもらうとよくわかるようになると思います。

理性は「私」の根拠になるか

肉体が「私」の根拠とならないとすれば、理性はどうなのか。理性という存在は「私」という意識の根拠になっているといえるのでしょうか。

人間は百四十億個の脳細胞を持って生まれてきますが、それは肉体の一部分であって、理性そのものではありません。先に述べましたが、理性という能力は、脳細胞が言語を覚えて、言語と言語を事実に合うように組み合わせていく作業を通して出てきます。ゆえに理性は生まれたときには存在しないものです。生まれたときには存在しないということは、理性は、生まれてから今日まで存在し続けている「私」の根拠にはなり得ないということです。

前章でご紹介した狼少女の例からも、理性という能力は人間が先天的に持つ潜在能力ではないことがわかります。理性とは、生まれた後に自らの努力でつくっていく能力なのです。

哲学者のなかには理性と感性を明確に区別せず、精神という言葉でひっくるめて考えている人もいますが、理性とは「時間的経過に基づいて概念と概念を論理的に結び付ける能力」です。「甘い」とか「すっぱい」とか「おもしろい」と感じるのは感性の働きによります。感性はまったく理屈抜きの能力であり、時間的経過を必要としません。理性と感性は原理的にまったく違う能力です。精神として一つにくることはできません。無理があります。とにかく理性は、われわれが私といっている意識の根拠となる人間の本質であると考えることはできません。

ドイツ観念論哲学は、理性は人間の精神の持つ諸能力のなかでも高級な能力であり、一方、感性は低級な能力であると考えて区別しています。しかし、そもそもこういう分け方が原理的に間違っています。

キリスト教神学や観念論では、「感性は動物と共有する能力だが、理性は人間しか持っていない。ゆえに、感性は低級のものである」と考え、人間とは「高級な精神である理性と、低級な能力である感性を持った肉体とが結合したものである」という二元論の立場をとります。けれども、理性と感性では原理が違うのですから、こういう考え方は成り立たないことになります。

感性論哲学では、理性は高級、感性は低級とは考えません。「考える＝理性」と「感じる＝感性」は、人間のなかで対等の価値を持つまったく違った能力であるととらえています。

ところで、現在の心理学・生理学の研究では、寝ているときの人間は常に夢を見ていると考えられています。「夢を見ている」と自分で意識し始めるのは眠りが浅くなった段階であって、実は深い睡眠状態にあるときにも夢を見ているようです。夢を見るのは、「考える」理性の働きではなく、「感じる」感性の働きによるものですから、寝ている間も感性は働いていることになります。夢を意識するのは理性ではなく、感性的意識なのです。理性は目覚めとともに働き始めますが、寝ているときには存在していないし、働いていないということになります。

ここから何がいえるかというと、「理性とは働きにおいて存在しているのであって、脳と別個に理性という存在があるわけではない」ということです。脳の存在と理性の存在は、その在り方が違うのです。脳が存在するというのは肉体的な問題ですが、理性は働きにおいて存在するもので、考えていないときには存在しない。ドイツ観念論の哲学者ヘーゲルは「大宇宙は理性によって支配されている」と考えましたが、理性という能力は物体のような存在として存在しているのではなく、働きとして存在しているのです。

哲学的に物事を考えていく場合、「作用として存在している」のか「存在として存在している」のかは非常に重要な問題になってきます。

近年はやりの科学的唯物論では、脳の存在が精神の根拠であるといっています。すなわち、感性とか理性は物質の発展過程で出てくるものであり、脳の存在があって理性が存在し、精神は物質に依存すると考えています。つまり、脳があることが理性の存在証明であるといっているわけです。しかし、すでに述べたように理性という能力は生まれたときから存在するものではなく、二歳から三歳にかけて出てくる後天的能力です。また、理性は作用として働き、睡眠時のように思考していないときには理性的意識は存在しません。その意味において、脳が存在することは理性の存在を証明する根拠にはなりません。

これらのことから、理性が「私」という意識の根拠となることはあり得ないのです。

「私」は感性によって支えられている

では、感性は「私」という意識が存在する根拠になるでしょうか。

人間は生まれた瞬間から何かを感じています。それどころか、胎児として体内にいるときから感性が働いています。さらに、先に述べたように、無意識状態にあっても感性は働いています。夢を見るのも、寝ている間に呼吸や内臓の機能が正常に働くのも感性が働いているからです。また、人間が死んだと確認されるのは、人間の命から感性の働きが完全になくなった段階です。心臓が止まっても、呼吸が止まっても、死んだことにはなりません。人間の肉体から感性の働きが完全になくなったときに「死んだ」といえるのです。

一般に、人間の死を確認するためには瞳孔《どうこう》反射を見ます。ペンライトを照らして瞳孔を見て、反応があればまだ生きているということであり、反応がなければ死んだと見なします。しかし、本当は瞳孔反射だけでは人間の死は確定できないのです。なぜならば、瞳孔反射がなくなっても、まだ一個一個の細胞は生きているからです。

人間の命が生きているとは、六十兆の細胞でできている人間の身体が一個の命として統合されている状態をいいます。そして、その統合力がなくなった状態が「死んだ」ときです。瞳孔反射を見て「死んだ」といわれても、そのときはまだ六十兆の細胞の一個一個は生きているのですから、厳密にいえば、それはまだ本当に死んだことにはならないかもしれない。生き返るかもしれない。生と死の境は非常に微妙なものです。

感性は一個一個の細胞のなかにあり、命は一個一個の細胞のなかにある感性に支えられて生きています。細胞が生きていれば、なんらかの形で再び命として統合されて生き返ることもあり得ます。したがって、御臨終ですといわれても、一個一個の細胞が生きていれば、死んだとはいえないことになります。ですから脳死はまだ人間の死ではありません。

人間の死とは、人間が生まれる前から働いている感性がなくなることです。つまり、感性は、人間が生まれてから死ぬまで一時の休みもなく働き続けている存在なのです。ゆえに、「私」の意識を根底から支えているものは感性しかないということになります。「私」という理屈抜きの意識は、理屈抜きの存在である感性により支えられているといわなければなりません。

肉体と精神は感性で結ばれている

よく私たちは「本音と建前」といいます。われわれが「本音」といっているのは「感性の実感」のことであり、「本当の私」のことです。一方、「建前」とは理性によって自分を偽っている状態です。そう考えれば、理性とはいかに本当の私から縁遠いものであるかがわかります。感性の実感としての本音が私を表現するものなのであり、感性が「私」という存在を支えているということになります。

そうすると、われわれが「考える」というのは、厳密には「感性である私が理性を使って考えている」といわなければなりません。また、われわれが肉体を動かすというのは、「感性である私が肉体を使って動作をしている」と考えなければなりません。すなわち命（感性）から理屈抜きに湧き上がってくる欲求があって、初めて理性は考え始め、肉体は行動し、命が生かされることになるのです。

肉体と精神も感性の働きによって生かされ、支えられているのです。われわれが「私」といっているものの本体は理性でも肉体でもなく感性なのです。感性である「私」が自己と自我を根底において統一している主体であり、理性と肉体を根源的に結び付けている本体です。ゆえに感性から湧き出てくる欲求がないと、肉体と精神を生かすことができないのです。

感性論哲学では、「精神と肉体を根源的に統一しているのは感性である」ということを「人間性の体系」という言葉で表しています。この「人間性の体系」については、次章で詳しく触れていきます。

感性の本質

今度は、「私」という意識の根拠となっている感性そのものについて考えてみます。感性とはどういうものなのか、ということです。ここで結論的にいってしまうと、感性の本質とは「求感性《ぐかんせい》」というものなのです。では、求感性とはどういうものでしょうか。そのあたりから話を進めることにしましょう。

感性の本質は「求感性」である

いままで長い間、感性の本質は「感受性」だといわれてきました。そして感受性とは、外部からの刺激によって反応を誘発される受動的能力だと考えられてきました。しかし、今日、感性とは感受性というような受動的なものではなく、より積極的で能動的なものであることがわかってきています。

それは、単細胞生物の研究によって明らかになりました。実は、感性とは人間だけが持っている能力ではなく、単細胞生物にもあります。生物学的にいえば、それは「走性」という性質です。単細胞生物が光に向かっていくことを「走光性」といいますが、走光性というのは、単に刺激があるから動くというものではなく、多くの刺激のなかから光という刺激を選び取って反応することをいいます。つまり、そこには情報を選び取る積極性と主体性が見られるのです。

また、植物は日の光に向かって枝を伸ばしていったり、水を求めて根を伸ばしていきます。朝顔や蔦《つた》などの茎の先端は、高速度撮影などで見ると明らかなように、揺れ動きながら何かつかまるものを探し、それを見つけたら絡んでいきます。つまり、自ら刺激を求めて、茎を振り回していくわけです。

これらの研究から、感性は受動的ではなく選択的であり、主体的であることがわかっています。また、感性とは感受性という受動的な能力でなく、積極的に感じ取る力、能動性を持っているということもわかってきました。自分が生きていくために必要な情報を自ら求めて感じ取ろうとするのが感性の働きなのです。それが「求感性」という感性の働きです。

人間は目があるから見ようとし、耳があるから聞こうとします。それと同じように、多くの生物は自らが生きていくために必要な情報を積極的に求め、それを感じ取ろうとします。植物が光や水を求めて茎や根を伸ばすのは、それが自らが生きていくために必要なものだからです。植物の感性の求感性が求めているのです。

科学というものは物事を外側から客観的に観察する学問ですから、茎が光を受け止めて伸びていくのは光という刺激を受けて伸びるのだと考えます。つまり、そこには感受性が働いていると考えます。しかし哲学は物事を内側から見つめる学問ですから、茎が光の方向に伸びるのは生きるために光が必要だから、命の働きとして光を求めて伸びるのだと考えます。ゆえに、そこには求感性が働いていると考えるのです。

では、感受性ではなく、求感性が感性の本質であるのはなぜなのか。それは、「受ける」働きが「求める」働きによって支えられているということからわかります。求感しなければ感受はできないのです。

いくら感受性の強い人間でも、見ようとして見たものしか感性に届かないし、聞こうとして聞いたものしか心には残りません。関心を持ち、興味を持ち、欲求を持ってしたことだけが心に残るのです。つまり、何事も求めなければ入ってこないということなのです。感受性にしても、まず求めなければ高まりません。

ゆえに感性の本質は求感性であって、感受性は感性の現象であるということになるのです。

感性に従って生きる

肉体と精神は感性によって統一されており、人間の本質が感性であって、われわれが「私」といっているものが感性で、感性の本質が求感性であるということになると、われわれにとって感性から湧き上がってくる欲求に従って生きることは、ごく自然なことです。それを否定してはならず、大切にしなければなりません。欲求を否定することは自分を否定することになります。感性から湧き上がってくる欲求というのは、命がわれわれに自分の人生の目的を教えてくれているのであり、その目的を達成させようとしているのです。

ところが人間は、感性が自分を目的地まで導いてくれることに気づかず、理性的な判断によって目標を設定し、進むべき方向を決定しようとします。しかし、本当に自分で幸福な人生を生きたいと思うのならば、理性によってつくられたものではない、自分の感性から湧き出てくる欲求を見つけることが何よりも大切です。なぜならば、人間における幸せとは、自分のしたいことができるという状態です。そこに自由と開放感が出てきます。自分のしたいことができない状態が不幸なのです。したいことのない人間には本当の幸福も不幸も存在しません。本当の生きがいや幸福感というのは、自分が生きていくために必要なものを積極的に自ら求めて獲得するところから生まれるものなのです。

本来、命から湧き上がる欲求は正常なものであり、健康的な生き方をつくります。このような欲求を持つと積極的になり、能動的になり、その人の素質にふさわしいことに関心が向かっていきます。

一方、欲求と関係なしに理性によって人為的作為的につくられた目標は「感性がついていけない」のです。そのため、理性の支配から逃げようとする気持ちや欲求をつくってしまいます。ゆがんだ暗い性欲を持ってしまったりするのも、原理的には理性の支配から逃れようとする感性のゆがみです。

これは現代の教育のなかで真剣に考えてもらいたいことです。いまの教育はあまりにも理性を肥大化させ過ぎています。肥大した理性から生まれるものは、人間を支配し命を抑圧するものであって、決して命を燃やすものにはなりません。

子どもは目があるから見たがり屋、理性があるから知りたがり屋、手があるから触りたがり屋、足があるから動きたがり屋、耳があるから聞きたがり屋です。それなのにいまのお母さんたちは「ダメ」をいい過ぎます。子どもの感性をそのまま伸ばしてやれば誰でも大天才になれるのに、みすみすそのチャンスを奪っています。「危ないから」といって感性の積極性を奪い、やる気のない子どもをつくってしまいます。これでは、いくら勉強させても子どもの命を型にはめ苦しめているだけであって、子どもに本当に幸福な人生を与えることはできません。

本当に興味があることを系統的に勉強させると、子どもは素晴らしい能力を発揮します。かつて韓国の五歳の子どもが大学教授も解けないような数学の問題を解いてしまったことがあります。わずか五歳の子であっても、数に興味を持てばそれぐらいのことができるのです。子どもの能力は大人が考えるよりはるかに大きなものです。大人がとても覚えられないようなことでも、子どもは興味や関心を持ったことは簡単に覚えてしまいます。

ゆえに十歳ぐらいまでは、感動的な話や素晴らしい魅力的な言葉などを何度も読ませたり聞かせることによって、どんどん暗記させて、考えなくても言葉が出てくるような状態にしてやることが大切なのです。それによって、興味あるものを積極的・能動的に自分からどんどん求めていくという感性の本質を引き出すことができるようになるのです。

感性には素晴らしい能力がいろいろ潜んでいます。能動性、主体性、積極性、選択力などは、いずれも感性を開発することによって出てきます。これらは理性的に合理的に求めても出てくるものではありません。すべて感性にその根源があるのです。それゆえに、感性から湧き上がってくるものは大切にしなければなりません。

求感性は行動力の源になる

われわれはよりよく生きるために情報を求めます。そして、自分が生きるために必要な情報を獲得するために勉強をするのです。

それを考えると、勉強とは、先生が「この子にはこれが必要だ」と判断してさせるのでは意味がありません。その子自身が必要とするものを与えなければ身にはならないのです。そんなことをしたら知識が偏るのではないかといわれそうですが、自分の専門的な知識を現実に生かすには、必然的に関連する分野の他の知識も必要になりますから、それらもやがて求めるようになり、トータルで見れば情報が偏るということはありません。問題は、いま必要としない情報を先回りして教えようとするところにあります。興味のないときに無理やり押し込むと、感性を押し殺してしまうことになるのです。

求感性を強め高めれば、受け取るほうの感受性も洗練されていきます。そして求感性を高めるためには、自分の本音と実感を厳しく見つめ、自分の心を本当に満たすものをどこまでも追い求めて生きていくことです。感性から湧いてくるものは何一つ否定しないことが大切なのです。

命から湧いてくるもののない人間には何もできません。何かしたいことがあってこそ、人生の充実が生まれます。そのためにわれわれは目標を設定し、夢や理想や希望を持とうとします。そのような人間の活動の根底には求感性があります。人間が夢・希望・理想を追い求めて生きるのは、感性から理屈抜きに湧き上ってくる求感性が働いているからなのです。

求感性とは自分の心を本当に納得させてくれるものを求める力です。自分の心を本当に納得させてくれるものとは、「真実」であり「感動」です。みんな真実を求めて生きているのです。また、感性が求めているものを見つけたときに感動するのです。

感性が求めるから人間は動くのです。行動力とは理性から出てくるものではなく、求感性から出てくるものなのです。感動という言葉は「感性が動く」と書くように、感動しないと人間の本当の行動力は出てきません。つまり、感性が本当に求めているものを見つけようとするところに、人間の行動力は発揮されるし、生きる喜びや人生の充実を感じることができるのです。われわれが本当に充実した人生を送りたいと願うならば、感性の声に耳を澄ませてみなければなりません。

感性の働き

感性の本質は求感性であるという話をしました。では、求感性とはどのような構造によって成り立ち、どのように働くものなのでしょうか。

求感性は平衡作用を持っている

求感性は生物学でいわれるところの「平衡作用」を持ちます。この平衡作用とは、単にシーソーみたいな平面的なバランスをとる作用のことをいうのではなく、有機体という球体全体のなかで働いているバランス作用なのです。これは「ホメオスタシス」ともいわれるものです。ホメオスタシスは「動的な安定」「動的な秩序」という意味を持ち、動きのなかで安定した状態をつくっていく働きのことです。

このホメオスタシスを最近の流行語で表現すると「カオス」になります。カオスは日本語で「混沌」と訳されますが、言葉の元の意味は「秩序を模索する」という働きのことです。つまりカオスとは、秩序がない状態だけれど、単に秩序がないのではなく、秩序を模索している状態のことをいうのです。そういう秩序を模索する働きからできてきた平衡作用のことをホメオスタシスといっているわけです。

このホメオスタシスを保つ働きがどういう構造で成り立っているのかを調べる方法に、〝現象学的分析〟という哲学的方法論があります。これは、ある現象がどういう構造によって成り立っているかを分析して、現象の根底にある本質・構造・原理を解明しようとする方法のことです。例えば、光という現象をプリズムにかけると七色の波形に分かれ、その融合が白い光になっていることがわかります。これと同じように、平衡作用（ホメオスタシス）を現象学的分析にかけると、それがどういう構造を持っているのかが見えてくることになるのです。

平衡作用を現象学的分析にかけると、有機体という立体的な構造のなかで平衡作用を成り立たせるために、三つの作用が働いていることがわかってきます。それは調和作用、合理作用、統一作用の三つです。これらの働きは感性の求感性から出てくるものであり、感性論哲学では「感性の三作用」と呼んでいます。

では、それぞれがどういう働きを担っているのかを見ていくことにしましょう。

感性の三作用――調和作用・合理作用・統一作用

平衡作用（ホメオスタシス）が生物という有機的構造のなかで成り立つためには、まず調和作用がなければなりません。生命が存在するためには環境との調和が何よりも大切です。環境との調和を土台にしながら新陳代謝を行い、命を維持しています。ゆえに、調和作用とは生命が最も根底に持っていなければならない働きなのです。

次に必要なのは合理作用です。合理作用がなければ、ホメオスタシスという動的に安定する状態は出てきません。では、合理作用とはどういうものなのでしょう。

「合理」とは「理に合っている」と書きますが、合理という言葉の元の意味は「合目的的」という意味です。つまり、目的に合っているのが合理であり、目的を実現するために最も正鵠《せいこく》を得た方法が「合理的」という意味です。

通常、「あの人は合理的だ」というとき、多くの人は「理屈に合った行動をする人」

を思い浮かべます。この意味で使われる合理性とは数学的合理性のことです。けれども数学的合理性は人間が勝手に作った合理の基準にすぎません。大自然のなかで働く合理性は数学的合理性とは違います。それは、「目的を実現するためにピッタリ合った方法」のことであり、合理性とは合目的的に働くものであるということなのです。

では、合目的的な合理作用とは何かというと、それは「ある一定の安定した状態を保つという目的意識を持って動的な調和作用が模索的に働く状態」のことをいいます。ただ単にバランスがとれているというのではなくて、ある目的を基準にしてバランスを保っていく働きが合目的的な合理作用なのです。ホメオスタシスという動的変化のなかで「ある一定」の状態を保ち続けるためには、調和作用だけでは駄目で、目的に合った状態をつくる合理作用が働かなくてはならなかったというわけです。

ここで注意しておきたいのは「作用」という言葉の意味です。作用とは何か。調和作用とは変化のなかで調和を模索する働きのことです。同様に、合理作用とは合目的的な状態を模索するなかで働くものです。つまり、作用とは固定されたものではなく、「求め続ける働き」であるということを覚えておいてください。

求感性の持つ平衡作用を支える三番目の働きは統一作用です。有機体という多細胞生物のなかで命が一個の命として存在していくためには、全体を一個の命としてまとめあげる統一作用がなければなりません。これも変化のなかで統一のとれた状態を求め、模索し続ける作用です。

このように、現象学的分析を通じて平衡作用（ホメオスタシス）がどういう原理に基づいて成り立つかを研究していくと、最終的には、調和作用・合理作用・統一作用の三つの作用が根底になければならないということがわかります。これを「感性の三作用」と呼びます。感性の本質である求感性は、調和作用・合理作用・統一作用という三つの作用を働きとしながら動いているのだということです。すなわち感性というのは、調和を求め、合理を求め、統一を求めるという目的を持ちながら、調和や統一や合理を模索するという働きをしているのです。つまり、それが求感性なのです。

三作用から生まれるカンやコツ

先ほど求感性とは「自ら必要な情報を積極的に求めて感じ取る力」であるといいま

したが、それは対外的な現象から見られる求感性です。内面から、つまり作用・働きの面から求感性を見ると、それは「調和や合理や統一を求め、模索しながら働いている力」ということになります。

そして、この三作用が人間において統合的に発揮されたときに、「カン」や「コツ」が働くことになります。「カン」や「コツ」は感性の三作用の働きなのです。

昔の宮大工は、今日の建築学のように何センチ何ミリというような厳密な計算をして建物を建てたのではありません。カン、コツで、どういうふうに木を組み合わせれば最も命に近い建築物ができるのかと考えて、いろいろな材料を組み合わせていきました。昭和最後の宮大工といわれる西岡常一さんが書かれた木の話や法隆寺改修の話には、こういう逸話がたくさん出てきます。宮大工の仕事は皆カンやコツで行う仕事なのです。

カン、コツで造った建物には命が宿ります。現在の建築学で造った建物は地震で百年も持たずに壊れてしまうのに、どうしてカンやコツで造った建築物が何百年または何千年間も持つのかといえば、それはカン、コツで造った建物に命があるからです。

計算して造ったのではなく、命の本質である感性の調和作用・合理作用・統一作用を使って最も理想的な状態を模索して造っていった建物だから、そこには命があるのです。建物そのものに安定を模索する力が宿るのです。

近代建築は合理性という合理的な数学的原理によって造られています。しかし、合理性だけでは命は生まれません。感性の三作用がそろわないと生命は成り立たないからです。ゆえに三作用の働きであるカン、コツで造った建物には命が通い、そのために少々の台風や地震にはびくともしないのです。感性の三作用は生命の原則であり、命あるものの活動はすべて、この三作用の上に立っています。三作用が働いていなければ、命は固定化され、死んだ状態になってしまいます。

ですから、大切なのは、固定された調和や合理や統一の状態を求めることではなく、常に固定化されない変動のなかで調和・合理・統一を求めて模索しながら生きることです。そのように人間や組織が働いているかどうかで、人間や組織の活力は決まってきます。固定されるということは、命が死んでしまうということです。有機的な全体としての調和・合理・統一を求めて模索するという働きが、とても大切なことなのです。それが生きるということであり、生きているという状態なのです。

感性の三作用が保つ自己治癒力

感性の三作用が全体として有機体のなかで表現されたものが平衡作用であり、それが生命のなかで働くのがホメオスタシスという現象です。では、ホメオスタシスとは具体的にどのような働きをしているのでしょうか。最もわかりやすいのは、健康状態の維持についての働きです。

よく人間には自然治癒力があるといわれます。自然治癒力とは、人間が健康な状態から外れていったときに、それを元に戻そうとする力のことをいいます。人間の生命には、ある許容の限度、許容量があります。血圧も血糖値も尿酸値も、感性の三作用がつくる「ある健康の範囲」のなかに入っていれば大丈夫なのです。つまり、その範囲内に入っていれば自然治癒力が働くため、自分の生命力で治せるという状態にあるということです。そういう状態で、人は健康状態を保っています。これはホメオスタシスの一つの働きです。

健康の範囲を逸脱すると自然治癒力は働かなくなります。そういう状態になってしまったら、薬を飲むか、注射を打ってもらうかして、自然治癒力で治るところまでもっていく必要があります。つまり、感性に備わった自然治癒力は常に命を健康な状態に保つ働きをしていますが、健康な状態を外れてしまったら、外れた分を修正しないと治すことはできないということなのです。その状態が病気です。

人間の命は地球上で生まれたものですから、本来人間はどんな病気でも自分の力で全部治せるようにできています。この地球上で生まれた生命には、この地球的な環境のなかでは病気にならないように、健康に生きるための生命力が与えられているのです。それなのにどうして病気になってしまうかといえば、それは、文化的なものによって人間が守られるようになり、自然から遊離してしまって、自然治癒力がだんだんと弱まってしまったからです。エアコンの効いた部屋で過ごすことで体の調整力がなくなり、自然治癒力の働く範囲を狭くしているなどして、自ら病気になりやすい状態をつくってしまっているのです。

自然治癒力も感性の三作用によって保たれています。感性の三作用はまさしく生命力そのものなのです。そして、どれだけの幅の治癒力を持っているかによって生命力の強さが決まります。その意味では、夏は夏の暑さに身をさらし、冬は冬の寒さに身をさらすという状態で自分を鍛えていかなければ、自然治癒力はどんどん弱り、病気を自分で治すことができなくなってしまいます。それはそのまま生命力が衰えるということです。

人の道の原点をつくる感性の三作用

人間が真・善・美を求めるのも感性の三作用の働きによるものです。

善とは人間関係においてバランスがとれていることをいいます。人間関係におけるバランスが崩れるのが悪です。ですから、三作用のうちの調和作用が善を求める心の原点になります。調和作用が理性的に自覚されることによって、人間のなかに善を求める心の働き、衝動が出てくるのです。だから善を求めるのは人間しかありません。

また、合理作用とは真なるものを求める心の働きの原点であり、統一作用とは美を求める心の働きの原点になります。人間が真・善・美を求めるのは、感性の三作用のなかにその根源があるからなのです。

良心も三作用がつくり出すものです。「良心が働く」といいますが、これは何かしら他人に迷惑を掛けるような行為をしたときに、「悪かったなあ」と思ったり「謝らなければならない」という気持ちになることです。反対に、迷惑を掛けても全然悪く思わないのが「良心が働かない」ということです。

つまり、良心が働くとは、人間として人の道から外れるようなことをした場合に、修正、修復しなければならないという心情、気持ちが働くということです。これも感性の三作用の働きによるものですから、良心の原点にも三作用があることになります。ゆえに良心は理屈ではなく、感性から湧いてくるものなのです。

感性の三作用は、人間の心の働きを根本において支配する重要な原理です。感性の求感性と調和・合理・統一の三作用によって行動することが人の道の原点になります。つまり人の道とは感性の求感性と三作用の働きによってつくられるものであって、それが働かなくなったときに人の道に反することになるのです。それは人間性がゆがんでいるということです。

感性の構造

本章では、「感性の本質」「感性の働き」「感性の構造」を中心にして説明しています。これは、感性とは何かを理解するためには、非常に重要なテーマです。なぜならば、この三つの組み合わせによって感性は人間の命のなかで働いているからです。

こういう原理を根底にしながら政治や歴史や文化や経営や教育について考えると、いろいろな体系が出てきます。感性論哲学のすべての体系の根底にあるのが、この求感性（感性の本質）と三作用（感性の働き）と、これからお話しする「感性の構造」なのです。

心=価値や意味を感じる感性

感性の本質は求感性であり、これは調和・合理・統一を模索する働きであることはお話ししてきた通りです。感性を構造的に見ると、感性の本質である求感性の上には

「感性の現象」というものがあります。感性の現象というのは、一般的にわれわれが感性といっている感覚・本能・欲求・感情などといった「感性の直接的・本質的な現象」のことです。

ここで、感性そのものと感覚との違いをわかってほしいのですが、感覚は神経がてきてこなければ存在しないものです。一方、感性は神経がなくても存在します。これについては、単細胞生物には神経はないけれど感性はあるというお話をすでにしました。つまり、本質としての感性そのものは神経系の存在に依存しないということです。今日の心理学者は感性とは脳の働きであるといっていますが、これは大きな誤りです。感性は感覚に還元されるものではありません。理性という能力には脳という特定の考える器官がありますが、感性には「どこで感じる」といったような感じる器官はないのです。

恋をすると胸がキュンとしたり心臓がドキドキするから、胸に感性があるのではないかと思われますが、そうではありません。胸がキュンとしたり心臓がドキドキするのは、「感性の力によって肉体が形成されている」からです。肉体の循環器の中心や呼吸器の中心など、中心となる臓器に感性の統合的な力が働いているために胸や心臓がドキドキするだけであって、感性が心臓や胸にあるわけではありません。

感性は一個一個の細胞が持っています。「殺気を感じる」とか「誰かが私を見ている気がする」というのは、どこで感じているというのではなく、全身で感じているのです。気持ちがいいとか、悲しいとか、嬉しいというのも同じです。特定の器官で感じているのではなく、全身で感じているのです。

一方、神経ができてくることによって生まれるのが「感覚」です。感覚そのものは単純な神経によって出てくる現象ですが、神経系が複雑になってくると「感情」というものが出てきます。

この感覚や感情、あるいは本能や欲求は、いろいろな命の形によって出てくるものが違います。鳥には渡りの本能を持っているものがいたり、コアラはユーカリの葉を食べるなど、本能といっても生物により違います。これらは進化のプロセスによって出てくるものですから、これは本質としての感性の現象形態です。人間と鳥と植物の本能や欲求は同じではないのです。

感性そのものは求感性を本質として存在するものですから、すべての生物に共通しています。すなわち、感性の世界は感性の本質である求感性が最も根底にあり、その上に感情や感覚や本能や欲求という感性の現象形態が出てくるという構造になっているわけです。

そして、感覚・感情・本能・欲求といった現象的な感性はすべての生物が持っているものですが、人間しか持っていないものがあります。それが「知的感性」です。知的感性とは、感性が理性によって人間化されたものをいいます。言葉を換えていうならば、「心」のことです。心とは理性によって感性が人間化されることによって出てくるものです。

では、心とはどういうものかといえば、それは価値や意味を感じる感性です。感謝とか尊敬とか責任感なども心が感じます。さらに、幸福欲、認識欲、生きがい、自由なども、理性によって感性が人間化された知的感性＝心のなかに出てくるものです。

ゆえに、こういうものを感じる心を持った人間を育てようと思えば、理性によって感性を人間化する必要があります。理性だけをいくら成長させていっても、意味や価値を感じる感性はできません。事実に関する知識を増やしたり、数学的な能力がどんなに優れていても、それは科学的な思考能力ですから、心はできません。心を育てるためには、理性によって物事の意味や価値について考えるという哲学的な思考能力を磨かないと、意味や価値を感じる感性をつくり、心を成長させることはできません。ですから、感謝もできないし、責任感も持てない。つまり、理性だけでは人間らしい心はできないのです。人間らしい心をつくるためには、理性によって感性を人間化して知的感性をつくらなくてはなりません。

感性の三作用と宇宙の構造

感性の構造として、「求感性」の上に「感性の現象」があり、さらにその上に感性が理性によって高められた「心」があるという話をしてきました。しかし、感性の構造はそれだけではなく、さらに上に「神経系」と「感覚器官」があります。これらは感性の肉体的部分であり、「肉体化された感性」ということができます。感性の世界とは、「求感性」「感性の現象」「心」「肉体化された感性」、これらのすべてのものを指しています。感性と一口にいっても、人間の感性にはこれだけの構造があります。そして、感性そのものは、意識があるときはもちろん、無意識の間も働いているのです。

また、感性が生物や人間のなかで働くとき、それを「生命感性」といい、物質のなかで働くとき、「物質感性」といいます。生命感性のなかで働いている感性の三作用と同じものが、同時に物質感性として物質の世界の秩序をつくる働きもしています。つまり、物質の世界の秩序の在り方はすべて法則によって表されますが、法則というのは、宇宙の秩序ある姿というものを調和のとれた合理的なものとして表現したものですから、宇宙も感性の三作用によって支えられて存在しているということができます。しかも感性は、単細胞生物でも生きる力として持っているものですから、生命感性の感性は、創造主である宇宙から生命に与えられたものだと考えなければなりません。

つまり、生命感性の三作用は大宇宙、大自然が生きて働いている構造そのままの働きをしているのです。これは、人間のなかで大宇宙の摂理が働いているということに

〈人間における感性の世界〉

肉体化された感性＝感覚器官——目、鼻、耳、舌、皮膚
神経系

理性により高められた感性＝「心」（知的感性）
意味や価値を感じる感性
幸福、尊敬、感謝、恩、美
自由、責任感などを感じる

感性の現象形態＝感覚、感情、本能、欲求

感性の本質＝求感性と三作用

〈宇宙における感性の構造〉

生命感性
顕在意識——現象として感性
潜在意識——深層心理
下意識　——自律神経系（肉体的感性）

物質感性（法則）

純粋感性（エネルギー）

ほかなりません。

さらに、生命感性と物質感性を根源的に統一している「純粋感性」は「宇宙の究極的実在」というべきもので、大宇宙の活動を支える感性の最も根底にあるものです。人間の命は感性によって支えられており、その感性は宇宙を支える感性と同じ構造を持った作用で働いている。つまり、「人間とは小宇宙そのものである」ということになります。

さて、話はとてつもなく大きなところへ行き着きそうです。人間と宇宙、感性と宇宙のつながりについては第五章で改めて詳しくお話しすることにします。ここでは、人間のなかで働いている感性は大宇宙の働きを支えている感性と同じなのだということを心に留めておいていただきたいと思います。

第四章

感性が精神と肉体を創造する

本章では「感性の創造力」についてお話しします。前章までに述べたことは感性の体系的な土台となる部分で、最も大切なところです。そこで述べたことは、感性こそが人間の中核を成すものであり、それは宇宙ともつながっているということでした。つまり、感性は命そのものであるということを述べてきたわけですが、そこでも指摘したように、残念ながら感性は今日に至るまで大変過小評価されてきました。本章の内容に入る前に、まずいままでに歴史的に展開されてきた感性のとらえ方、考え方をおさらいしておくことにしましょう。

1. 唯物論哲学

唯物論哲学では、あらゆるものの根底に物質があると考えます。物質の発展過程において生命が生まれ、その生命から感性や理性が生まれる。精神も物質の発展過程における一つの派生的存在であり、人間は物質から発展してきたものと考えてきました。無機的物質から有機的物質へ、そして魂を持った物質へ発展してきたとしたわけです。唯物論哲学では、感性と理性は物質の属性になり、物質から独立した能力として考えられていません。

2. 観念論哲学（唯心論）

観念論哲学では、理性は高等な精神能力、感性は下等な精神能力と考えました。つまり、感性より高等な精神が理性であるとしました。ゆえに高等な精神能力である理性が下等な精神能力である感性を支配し統御しなければならないと考えるのです。感性を肉体と理性から独立した能力と考えるのではなく、肉体に属する動物的な能力と考えるか、あるいは精神のなかに含めて考えています。つまり、観念論哲学では、人間は精神と肉体の結合だと考えられているわけです。

3. 唯脳主義

脳という物質的器官に精神能力をはじめとするその他すべての能力を還元する考え方を唯脳主義といいます。東京大学の養老孟司氏などが唱えています。これは現代的な唯物論といっていいと思います。この考え方でも、理性も感性もすべて脳の働きであると考えています。物質的な脳の働きとして、すべて還元されると考えているのです。

4. 極端な唯心論

極端な唯心論になると、精神や理性や心が世界のすべてを支配しているという考え方になります。物質は精神に支配されるという唯心論的な考えが宗教化すると、神や仏や霊や魂が物質的世界を支配するというような考え方も出てきます。これは極端な唯心論です。

以上のように、これまでは精神と物質（肉体）のいずれかが現実の人間を支配しているという両極端の考え方がありました。どちらに主眼を置くかの違いはありますが、いずれにも共通するのは、二元論的考え方によって人間や世界をとらえようとする姿勢です。

ゆえにいままでの考え方では、肉体と精神は常に相いれない状態にあり、その対立から生じる問題は永遠に解けないまま残ることになりました。

唯心論と唯物論、あるいは唯物論と観念論の対立は、人間というものを精神と肉体の結合であると考えることによって起ります。対立する考え方を克服して、一個の統一した生命として理解するには、感性を物質や肉体から切り離し、精神からも独立した存在として考えなければなりません。感性を有機的統合の原理として考えれば、唯物論と観念論の対立や二元論的人間観から抜け出すことができるのです。

人間の本質は肉体でもなく精神でもなく、今日まで誰も考えたことのない「感性」という存在なのです。

本章では、どうして感性が肉体と理性を根源的に統一しているのか、感性が六十兆の細胞をどのようにして統合しているのかについて、その原理的な理由をお話しします。

原理論は現実世界での実践的な応用展開を述べることと比較して難しく、興味を持ちにくいかもしれません。しかし、根本原理がわからずに応用展開だけわかっても、なぜ感性論哲学が新しい考え方なのか、またどうして感性論哲学が古いこれまでの哲学より優れているといわなければならないのかという根拠が理解できません。

ちょっと難しい話になりますが、ぜひ理解していただきたいと思います。

感性が肉体を創造する

感性の持つ創造力は、求感性と三作用の働きによるものです。感性は宇宙の究極的原理であり、その宇宙はあらゆるものを生み出す力そのものですから、感性は宇宙の持つ創造力の究極的原理です。宇宙の根底には究極の感性である純粋感性があり、その発展形態として物質感性と生命感性が出てくる。その感性が人間のなかで求感性と三作用として働き、人間のさまざまな活動を支配しています。したがって、人間のなかに働く感性は、根源的には宇宙を支配する感性と同じものなのです。感性の創造力は宇宙の秩序をつくる働きもしており、命を生かす働きもしているわけです。

では、具体的に感性はどのような創造力を持っているのでしょうか。「感性は精神をつくり、肉体を創造する」という本章の大きな二つのテーマのなかから、まず「感性が肉体を創造する」ということについてお話しします。

よりよく生きるために生物は多細胞化する

生物は単細胞生物から出発し、多細胞生物へと進化していきます。つまり、多細胞化していきます。どうして多細胞化が必要だったのかといえば、単細胞生物として存在する一個の生命は常に外敵にさらされています。周りのすべてから、さまざまな侵食や影響を受けることになります。これでは危険が大きすぎて、とても安心して生きることができません。そこで、もっと安全に、よりよく生きることを求めて多細胞化が起こるのです。

多細胞化とは、中核部の細胞の周りに細胞ができて、なかの細胞を外敵から守るための構造を作るということです。こうすると、よりよく生きるという観点からは非常に都合がいいわけです。

多細胞化は最初、細胞分裂によって行われました。原初の生命は雄雌両方の可能性を持った一個の細胞なのですが、次第に雄・雌の特徴を持った細胞に分かれていき、それが結び合って新しい命を生み出すという形に変わっていきます。違った環境のなかで育ったものが結合して子孫を残せば、両方から遺伝子をもらうため、より環境の適応力を高めることができるのです。

純血種は弱く雑種は強いというのはまさにこのことです。純血種という同じような血統のものだけを絡み合わせていくと、劣勢遺伝子が出てきて病気になりやすい。しかし、全然違った血統を持ったものを組み合わせていくと、どんな環境の変化にも、どんな病気にも、より広く対応できる能力を持つようになります。

このように、違った種類のものを組み合わせて、より適応能力を増していくということは生物学的に証明されていることです。それがより生き残りやすい命をつくっていく原理です。そういう二つの原理にのっとって、生物は多細胞化するようになったのです。

神経＝感性のつくった情報伝達ルート

多細胞化すると、当然のことながら、それに伴う変化が起こります。まず問題になったのが情報伝達の方法です。単細胞のうちは、すべての情報を一元処理することができますが、多細胞化した生命は、一つの情報を全細胞に等しく伝えていかないと一定の方向性を持った運動ができません。一個一個の細胞がそれぞれ自分のなかに入ってきた情報をもとに判断するとバラバラになってしまいます。「たくさんの細胞で一個の命」という状態になると、全細胞が情報を共有化していなければ、共通の目標を持った行動ができないわけです。

ここで求められるのは、一個の細胞に入ってきた情報を全細胞に伝える働きです。そのために生命は「情報伝達物質」をつくり出しました。そして、体液の流動するルートにのっとって情報伝達物質が情報を伝えるという仕組みをつくり上げました。体液の流動がつくる情報ルートを基礎にして、中国でいう経絡《けいらく》ができてきます。経絡は血管系、リンパ系、神経系などと同様に、体内の循環・反応系の一つとされますが、目に見えません。最初はこの経絡を通って情報が伝わっていたのです。

やがて生命の進化に伴い、経絡の流れに沿って目に見える新たなルートができました。それが神経系です。神経系の発達によって、情報伝達のルートは経絡から神経へと変化しました。神経という組織は情報を伝達する役割のためにつくられたものなのです。

では、何が神経系をつくったのでしょうか。神経系の発達を調べると、生命体が持っているさまざまな機能が複雑化していくことと並行して起っていることがわかっています。そして、神経は情報を伝達する働きしかしていない。つまり、神経系は、よりよく生きていくために感性がつくったといわなければなりません。なぜならば、感性は生きてゆくために必要な情報を獲得する能力です。そして細胞が多細胞化していけば、感性は全細胞を一つの命として統合する統一作用を持っていますから、必然的に全細胞にその情報を伝達する必要が出てきます。そこで感性は情報を伝達するルートをつくろうとした。そのルートが、最初は体液の流れ・経絡であり、それがやがて神経系に発達していったのだと考えなければなりません。

さらにいえば、人間の六十兆の細胞を一個の命として統一しているのは、感性の三作用のうちの統合作用ですから、統合作用が一個の命としてまとめるために神経をつくったということになります。感性は全細胞を統合する手段として、神経というものをつくり出さざるを得なかったのです。

求感性の求めで感覚器官ができる

神経は感性がつくり出した。では、どのようにしてつくったのか。ここでは現在生物学的に確認されていることだけを述べておきます。

例えば、生命に目ができたり、耳ができたりします。これらは、生命のなかにある、生きていくために必要な情報を獲得しようとする能力がつくることがわかっています。その能力とは、感性論哲学の言葉でいえば求感性です。光から得られる情報を獲得することなしには生命が維持できないとなったとき、この求感性という能力が皮膚を通して外に向かって働き掛けます。すると、光から皮膚に与えられる刺激と求感性の欲求がぴったり一致して皮膚の細胞が感覚器官として成長していくのです。それが目になり、耳となったわけです。

目という器官は、最初は一個の細胞が光を感じて、情報を獲得したところから始まります。最初は点のような目しかなかったのです。これが生命進化するプロセスに従って、だんだん高度な光学的器官として発達していきました。具体的には、目に通じる神経の数がだんだん増えていき、また太くなることによって目の進化が起こりました。

このことを感性論哲学の立場から見ると、求感性が光から与えられる情報をより多く、より正確に、より高度に、より厳密に獲得しようとして、だんだん神経の数を増していったのだと考えられます。どうしてそう考えるのかといえば、目を持った生物がなんらかの事情で洞窟《どうくつ》のなかで生活するようになると、目が退化し始めるという現象があるからです。目が退化するとは、生物学的な説明によると、目に通じる神経がだんだん細くなり、一本一本消えていくということです。

つまり、目を通じて光から得られる情報を求める求感性が働いている間は、目に通じる神経はどんどん増えて、太くなっていく。しかし、感性が目を通じて光から得られる情報を必要としなくなると、だんだん神経が細くなり、神経は退化して最後は一本一本神経が消えてしまうということなのです。光の情報を求感性が必要とするかしないか、これが目の退化といわれる現象の内部で起こっている感性の働きです。そして、目が退化すると、今度は聴覚や嗅覚《きゅうかく》が非常に発達してきます。聴覚や嗅覚に通じる神経がだんだん増えていって太くなり、より細かい音が聞けたり、においをかぎ分ける能力が発達します。それも求感性が求めた結果なのです。

神経の発達や退化は、結局のところ、その感覚器官から得られる情報をどの程度命が必要としているかによって決まります。必要の度合いによって、感覚器官に通じる神経系が増えるか減るかを決定するのです。ここからも、感性が神経をつくっていることが明白にわかります。

神経系は、命のさまざまな機能の発達と軌を一にしながら発達します。すなわち、いろいろな臓器が出てきたり、手とか足が出てくることによって、神経系も発達するのです。これは、環境の変化に応じて常によりよく生きようとする感性がその求感性によってさまざまな機能や臓器を命につくり出し、その機能に合わせて神経が発達するということです。肉体のさまざまな部分は神経系が支配して動かしていますから、神経が発達しなければ機能も発達しないのです。感性が神経をつくり、発達させることによって、さまざまな肉体の機能をつくっているわけです。

感性の三作用がシンメトリー構造をつくった

生命がよりよく生きることを考えるとき、もう一つ大事なことがあります。それは、シンメトリーといわれる左右対称構造を持つということです。動物の体は例外なく左右対称のシンメトリー構造を持っています。これはなぜかといえば、動物が自由に動き回るためには体の構造が左右対称になっていないと不都合だからです。

何が左右対称という肉体的構造をつくったのか。それは感性の三作用である調和作用、合理作用、統一作用です。統一作用はすべての細胞を一つにまとめ上げる統合能力であり、合理作用は環境のなかで最も生きやすい合目的的な形を求め、調和作用は命がバランスを模索して動くように働いています。そして前章で見てきたように、この三つの作用は生物のなかで平衡作用（ホメオスタシス）として働きます。つまり、陸上を動き回る動物が最も生きやすい形を模索して求感性が働き、三作用を使って左右対称構造をつくり上げたのです。

植物はどうでしょう。植物は動かずに、ある一定の場所にとどまって生長していきます。そのため植物は、主たるバランスを根っこの部分と地面の上の幹の部分の間でとっています。もちろん平衡作用は植物全体に働いていますから、ほとんどの木の枝の生え方は力学的に左右対称となっています。しかし植物は動き回らないので、主たるバランスは根っこと地上の幹でとるような構造を持ったわけです。

しかし、厳密にいえば、生物の形はまったくの左右対称構造になっているわけではありません。人間の顔も左右対称に見えますが、人間の顔の左半分と右半分は違います。人間の顔を写真にとって、それを半分に切り、左半分だけで顔を作ったり、右半分だけで顔を作ると、別人になってしまいます。同じ人間の顔でありながら、右半分と左半分は形態が違うのです。また、左右の手足の長さ、左右の目や鼻や耳などの形や大きさも厳密にいえば全部違います。けれども、全体として見た場合は左右対称になっています。

なぜそうなっているのかという理由は今日の科学ではまだ説明されていません。感性論哲学ではその理由を「感性の三作用によって動的にゆれ動きながら形が模索的につくられていくから」と考えています。感性の三作用は静止したバランス状態をつくり出すことを目的にしている作用ではなく、絶えざる動きのなかで、一定の幅を持って揺れ動きながらバランスを模索するという作用で、ちょうどよいところで止まるということがありませんから、左右に多少のずれが常に出てこざるを得ないのです。

感性は波動によって呼応する

自然界では、特定の花に特定の昆虫が来たり、虫が蜜《みつ》を吸いにきたときに、受粉しやすいように花の形が変わっていくことがあります。花が虫を意識して進化し、虫が花の構造を意識した機能的特徴を備えていくのです。どうして植物の世界と昆虫の世界でこのような呼応した進化の関係が生じるのでしょうか。

生物学は感性の問題を原理的に考えないため、「結果としてこういうことが起った」という事実を物語ることしかできません。しかし、感性の原理で考えると、「感性の求感性が求めたからその機能や形が出てきた」という明快な説明ができます。

こういうと首をかしげる方もいるかもしれません。先に私は「機能は神経が増えてできる」といったからです。「植物には神経がないのに、なぜ機能ができるんだ」

という疑問が湧いてくるはずです。この理由を理解するには「感性は神経系の存在を必要としない」ということを知らなくてはなりません。単細胞生物にも感性があることを述べましたが、感性は神経系の存在に依存しない能力なのです。ゆえに植物には神経がないけれど、感性はあるのです。

では、植物と昆虫の間には感性のどのような働きが生じているのでしょうか。何が花の形や色を虫に合わせて進化させるのでしょうか。それは「呼応関係」です。呼応関係によって進化がつくり出されているのです。

宇宙空間とは感性の海のようなものです。宇宙に存在するすべてのものは、求感性と三作用によって互いに関係を持ち、感じ合い感応し呼応し合いながら秩序をつくっているのです。そこでは感性が呼び合っているのです。どうやって呼び合うかといえば、「波動」で呼び合うのです。感性は自分自身の周波数（量子力学のとらえ方）を持っています。感性の働きを生物において表現すると、先に述べた平衡作用、つまりホメオスタシスになります。

ホメオスタシスとは「動的な安定」と説明したように、固定的なものではなく、動きのなかで安定状態を保とうとする働きです。そして、常に安定した状態を求めながら、時間的経過に従って動いていきます。そのことを物理学的にいうと、「すべての物質の最終的な姿は〝1／fゆらぎ〟である」ということになるわけです。すべての物質は「ゆらぎ」を本質にして存在しているがゆえに、宇宙におけるすべての激動によるショックは、この「ゆらぎ」によって吸収され、宇宙は激動のなかで安定した秩序を維持できているのです。これが物質感性における求感性と三作用の具体的な姿です。

この「ゆらぎ」が周波数になるのですが、それを流行語でいえば「波動」です。すべての存在は、その存在に固有の波動を発信しています。人間も一人ひとり、その人特有の波動を発信しています。「あいつとは合わない」というのは「波動が合わない」ということです。さらにいえば、「合わない」のは、相手の人間性が自分の人間性の幅に入ってこないから合わないのです。人間は自分の人間性の幅のなかでコントロールできる相手とならば付き合っていけますが、自分の人間性の幅から外れた人とはうまくやっていけないのです。だから不快を感じたり、嫌いになったりしてしまうことになります。

人間性の幅は広がっていくものですが、それは揺れ動く幅が大きくなるということです。それは包容力があるということです。包容力のある人は、人間の持つ波動の幅が大きいので、どんな周波数でも吸収できるようになるわけです。

話を元に戻します。そういう波動（周波数）を感性が持っているために、植物は神経がなくても虫の発する波動と自分の波動を同調させて、特定の昆虫に対応した命の形をつくることができるのです。つまり、特定の昆虫をターゲットにして、その昆虫が来てくれるような形や色に進化するわけです。感性の求感性が自分の求めるものを呼ぶために、相手と波動を合わせて命の形を変えていくのです。相手が発信する波動にぴったりと合うものを模索しながら自分の命を変えていくのですから、まさに正鵠を得た命の形を決定できるわけです。

動植物にさまざまな種類ができてくるのも、環境のなかで互いに競合せず、よりよく生きようとする求感性と三作用の働きが生命間に感応し合って、独自の形や色や機能を持ったさまざまな命をつくり出したのです。

進化の原理は「模索する力」

植物も動物も、求感性と三作用の働きによって肉体の形を決定します。どういう形、種類の木になるか草花になるか、動物や昆虫との関係において自分の存在感をどうつくるか、それを模索しながら植物はさまざまな品種に分かれていきます。メンデルの法則がいうように種の交配だけで進化するのではなく、種の交配とは違った原理でも進化するのです。もちろん、「種の交配」による遺伝学的に生じる新種もありますが、単に遺伝だけが体を決定するわけではありません。遺伝が体を決定するなら進化はしません。遺伝情報が変わらなければ進化はないわけですから、遺伝だけであれば同じ形の平面的なバラエティーが生まれるだけです。

進化とは生物そのものの形が機能的に変わっていくことをいいます。神経の発達が新しい機能を呼び起こし、新しい肉体の形を創造していく、それが進化なのです。

鯨は昔、陸上にいた生物が海に入ることによって進化を遂げたものです。陸上にいたときは、いまのような鯨の形をしていたわけではありません。海に入っていくことによって、環境に合ったよりよく生きやすい姿を模索して、流線形になり、足がヒレになったのです。そして、その変化は求感性と三作用の働きにより決定されたものです。調和作用で環境と適応していこうとし、合理作用で環境と最も合った合理的な機能を求めていこうとし、統一作用で全体としてバランスのとれた姿になろうとする。この三作用の働きによる模索が、形を変えるのです。変化、そして進化の原理とは感性のこの「模索する力」にあるのです。

模索する力がなくなったら成長は止まります。求感性と三作用の模索する力が働いている間だけ成長するし、いろいろな可能性が出てくるのです。模索がなくなれば変化もせず、可能性はなくなるわけです。肉体の構造は、感性の三作用の模索する力によってつくられていくものなのです。

感性が精神をつくる

ここまで、感性が肉体を創造するということについてお話ししてきました。では、精神はどうなのでしょうか。精神も感性がつくるのでしょうか。今度は、このテーマについて考えてみたいと思います。

合理作用が「記憶」を結合するために使われて合理性に変化した

神経系が生命の多細胞化に応じて成長していく過程では、全体を統一する統合の中心が必要になります。それが中枢神経です。中枢神経は全細胞からいろいろな情報を集め、そのなかから生きていくために最も必要な情報を一つだけ選んで全細胞に流し、ある行動のパターンを決定します。その上で全細胞を協力させて動かしていきます。

この中枢神経はどのように進化していったのでしょうか。

最初、中枢神経は少しずつ記憶の働きを持ち始めました。「入ってきた情報のなかから一つだけ残して、あとは全部捨ててしまうのはもったいない」というように感性が判断して中枢神経に情報を記憶する能力をつくり出したのです。しかし、多細胞化が進み、体内に入ってくる情報量が膨大になると、すべてを中枢神経が記憶するわけにはいかなくなりました。中枢神経の処理能力を超えてしまったわけです。そこで合理作用は、中枢神経の周りに情報を蓄積するための記憶細胞を創造しました。これが脳の始まりです。記憶細胞を直接的につくったのは中枢神経ですが、その大本には感性の合理作用があったのです。

中枢神経の周りに記憶細胞をつくることによって、大量の情報が記憶できるようになりました。しかし、新たな問題が起こります。それは、記憶細胞と記憶細胞をどのように結び付けるかということです。記憶した情報を生かしながら「前はどうだった」「今度はどうしよう」という高等な判断をするためには、記憶と記憶を結び付け、さらに新しく入ってきた情報と記憶を結び付けなければなりません。そうしないと、一個一個の情報が単独で記憶されているにすぎず、情報を生かして生きるということができないわけです。これはあまりにも非合理的です。

進化というのは、いろいろなことをやってみて、一番効果があったものが残り、一歩先へ歩みを進めるということです。効果がなかったものは結果として捨てられ、遺伝情報としては残りません。結果を出したものだけが遺伝子を形成して、受け継がれていくというのが進化のプロセスです。このときも、こんな進化の模索する力が働きました。合理作用で記憶と記憶を結び付けてみたら、生きるために最も有効で便利な能力が出てきたのです。

それが合理性です。すなわち、合理作用が合理性に変化したのです。合理作用とは変化する状況のなかで合理的な在り方を模索する感性の働きですが、記憶というものは変化しません。つまり記憶とは、ある情報を固定化する能力なのです。そして、これは理性の本質です。理性的に「こうだ」といえば、それは固定化されます。理性という能力の最も原始的な形が記憶の能力なのです。

記憶が変化しないということは、理性がつかんだものは変化しないということです。理性が判断したら、それは変化しないのです。だから、理性で法則や構造をつくれば、それは変化しないのです。その点で理性とは「変化するものを変化しないように固定してしまう能力」といっていいと思います。要するに、記憶細胞の在り方が理性の在り方を規定したのです。

そして変化しない記憶と変化しない記憶を結び付けるために、本来変化のなかで働く合理作用が使われたため、それは「合理性」という変化しない形式を持った能力に変わることになりました。これが目に見えない機能としての精神が形となって出てくる出発点です。記憶と記憶とを結び付けるために合理作用が使われて合理性に進化したのです。

知性と理性

合理性とは存在ではなく機能です。そして、合理性は進化すると「知性」になります。知性とは体験や経験を記憶し、体験や経験に関する記憶を結び付けながら考える能力です。知性を持つのは人間だけではありません。鳥も昆虫にも知性はあります。鯨、アメンボ、オタマジャクシ、みんな知性を持っています。自分の体験や経験を結び付けて思考しているのです。

要するに知性とは体験的記憶の結合のことなのですが、これだけでも相当高度な判断をすることができます。例えば警察犬はときに警察官以上の素晴らしい仕事をすることがあります。それは警察犬の知性の働きによるものです。人間にも知性はあるのですが、今日の人間は知性を使って仕事をするよりも、理性で仕事をすることが多くなっています。いい加減な理性能力は発達した知性に負けてしまうのです。

体験や経験を組み合わせることによって出てくる知性（創意工夫といってもいいと思います）には、現実にピタッと合った判断能力があります。一方、抽象的精神能力である理性は、現実的な対応能力が薄弱で、現実離れしがちです。したがって、理性で考えたことは、現実にそのまま適応できないことが少なくないのです。

理性が抽象的精神能力であるとはどういうことでしょうか。

知性は体験や経験の記憶を高度に絡み合わせていくことによって発達します。片や理性は、言葉と言葉を組み合わせることによって発達してくる能力です。理性を発達させるためには、言葉を覚えなければなりません。ゆえに人間の子どもに生まれても、狼のお母さんのオッパイを飲んで成長すると理性は発達しないのです。

そして言葉とは抽象的な概念です。抽象概念とは現実に存在するものではなく、現実から遊離しています。知性を使って考えるという段階では、「桜の木」といえば現実にそこにある木のことで、知性はその桜の木そのものを記憶します。しかし、理性は現実にある一本の木ではなく、「桜の木」という言葉で表現された一般的な概念をつくるのです。

人間はこのような言葉によって表された抽象概念を組み合わせて「考える」ということをしています。これが「理性」あるいは「精神」といわれるものです。

しかし、知性と理性を密接に絡み合わせたり関係させ合いながら物事を考えず、単に概念の世界だけで考えた物事は空想や遊びで終わってしまいがちです。現実に生きるための思考をするためには、単に理性だけで考えているのではなく、体験経験を踏まえた知性をも使って考えることが必要です。また、それが人間の精神の本当の在り方なのです。

いまの学校教育を見ると、知性を育てる体験や経験が少なく、理性だけが単独で成長していく傾向が非常に強くなっています。そのため子どもたちは、空想の世界で自分の生活を形成してしまい、非現実な自分の世界に閉じこもってしまいがちです。理性的な世界だけを膨らませていって現実に対応するから、現実の世界との間に摩擦をつくってしまうのです。

理性と知性を関係させなければ人間的な心は育ちません。知性がなく理性だけになると、人間は頭のいい獣のような状態になり、現実的な社会性が乏しくなります。社会のなかで生きるには体験や経験を必要としますから、理性だけでは現実への対応能力や応用能力が出てこないのです。行動力や実践力が不足しているというのは、知性よりも理性のほうが勝っている証拠です。

知性と理性がどのように違うのかという定義は、今日の心理学では明確になっていません。あるいは、全然区別しないで、理性という能力の内容に知性があると考えてしまっていたりします。西洋人のなかには、進化のプロセスを抜きにして、精神は神から与えられたと考える神学的信仰を持つ人もたくさんいます。しかし、いま述べたように理性は感性の合理作用が進化して生まれた精神能力で、言葉の記憶がなければ出てこない精神作用です。

感性は精神と肉体を創造し有機的に統合している

日本人が長い間アメリカに住んでいると、なんとなく顔の形がアメリカ人らしくなってしまいます。反対に、アメリカ人でも長く日本に住むと雰囲気が日本人らしいという状態になります。ちょっと考えると不思議なことですが、これは精神構造も肉体的構造も感性の影響を受けて変化していくということを証明しています。

また、人間の感性の現象の一つである感情は顔の形を変えていきます。怒ったら怒った顔の形になり、笑ったら笑った顔になります。神経質な人は神経質な顔をしているし、鷹揚《おうよう》な人は鷹揚な顔をしています。これもすべて感性の影響によるものです。感性が形に対していかに大きな影響力を持っているかということがわかるのではないでしょうか。

三十歳を過ぎたら自分の顔に責任を持ちなさいということがあります。それは三十歳までで遺伝情報によって肉体が規定される状態が終わるからです。遺伝的な人間の肉体的成長は三十歳で終わってしまうのです。それ以後はどうなのかといえば、自分の持っている感情や考え方や感じ方が肉体の形に影響を与え始めるのです。ゆえに自分の人間性を成長させることによって、顔はどんどん変わり始めます。自分で顔をつくっていくことができるのです。

一卵性双生子は遺伝的にはまったく同じ形質を持っていますが、三十歳を過ぎると生活の仕方や体験経験の違いなどで顔形が変わっていくことが研究の結果わかっています。遺伝の影響力が強い三十歳までは見分けがつきにくいのですが、それを過ぎるとはっきりとした違いが出てきます。これも感性の創造力によるものです。感性は人間の創造主として肉体と精神を結び付け、根元において統一する働きをしているということなのです。

人間という命の構造の根底には感性があり、感性が肉体の形を決定し、精神をつくっています。そして、この両者を結び付けて生命の有機性を維持しているのです。

人間性の体系

感性は肉体を創造し、精神をつくる。その原理を述べてきました。実はここまでの内容は感性の創造力についての基礎理論です。ここから先が重要な問題展開になります。

感性が肉体と精神をつくるということは、つまり、精神と肉体という相いれない原理が感性によって根源的に統一されているということです。この感性によって統一された有機体が人間なのです。だから精神は感性を通して肉体に影響を与えますし、また肉体も感性を通して精神に影響を与えます。そういう互いに影響を与え合うという構造で、精神と肉体は関わっていることになります。このことを感性論哲学では「人間性の体系」といいます。この「人間性の体系」を理解することによって、人間はよりよく生きることができるようになります。その仕組みについて、これからお話しすることにしましょう。

「人間性の体系」は「私」である感性がつくる

前章で、「私」という意識の根底にあるのは感性だといいました。これを学問的に厳密に規定するならば、われわれが「私」といっているものは「感性によって形成され創造された生命の有機的体系的構造と機能の全体である」ということになります。少々難しいいい回しになりますが、これが「私」の学問的規定です。

人間の命の形を構成する物質は、一時の休みもなく一瞬一瞬新陳代謝によって入れ替わっています。しかし、肉体を構成する物質は全部入れ替わっているのに、人間という命の形と構造はなくなりません。この構造が崩れ始めるのは、感性の働きがなくなるときです。具体的には、命から感性の働きが完全になくなったと確認されたときに、命の構造が崩れ始めることになります。それが「死ぬ」ということです。つまり、六十兆の細胞を一個の命にまとめ上げている感性の統合能力が命からなくなったとき、人間は「死ぬ」のです。そして死ぬとは腐り始めるということです。人間の体系的構造が崩れるという具体的な現象が「腐る」ことなのです。ゆえに植物人間になっても、感性が働いていれば人間という命の構造はなくなりません。感性が働いている限り、人間としての命の形は存在しているのです。

感性の働きがなくなると人間としての命の形が崩れ始めるということは、命というものは、感性によってつくられ維持されている「有機的体系的構造と機能の全体」だからです。緊張感がある間は顔を張り詰めているけれど、緊張感が緩むと形が崩れるというのも、このことに関係しています。緊張感や集中力の原点となるのは感性の統一作用ですから、緊張感がないと命をまとめている統一作用の働きが鈍るため、なんとなく締まりのない顔になり、魅力がなくなってしまうのです。

やりたいことを全力でやっている人の顔は年齢にかかわらず輝いています。そこには、何かしら張り詰めた緊張感が漂っています。それは命のなかで感性の求感性が働いていて感性の三作用が活性化しているからです。反対に、命からやりたいものが湧いてこないと、感性の求感性が働いていないため、感性の三作用がたるみ、だんだん表情がくすんできて、緊張感のない輝きのない顔になってしまいます。これも、感性の働きによって人間の構造と機能とが支えてられているからです。

「人間性の体系」は、感性によってつくり出された肉体と精神が、感性によって根源的に統一されることによってつくられます。そして精神と肉体を根源において結び付けているのは「私」である感性です。つまり「私」とは、相異なる原理を根源において統一する主体であり、そのことを人間が自覚して生きることによって、人間としての本当の在り方と生き方が成立するのです。それが「本当の人間性」なのです。

愛という能力

近代になって成長した理性は、対立する二者のどちらに見方するかという二者択一の判断を人間に強いてきました。しかし、これは矛盾を排除しようとする理性に根拠を置いた二元論的人間観に基づく人間の判断基準であって、感性を根源とする人間性の体系にのっとった対応の仕方ではありません。いま求められているのは、対立するどちらかに味方をすることではなく、どうすれば両者が協力し助け合えるかを考えて、そういう関係に導いていくことです。それが本当の人間性を持った人間的な対応というものなのです。

世界や歴史はいま、どんな対立状態にも飛び込んでいって、両者を和解させ、協力させ、助け合っていく関係に導ける人間を求めています。例えば、元アメリカ国務長官のキッシンジャー氏や元国連代表の明石康氏や現在のアナン国連事務総長などは、こうしたタイプの素晴らしい人物です。

「そういう能力を持った人間に俺もなろう」と努力することによって、これからの社会で価値ある人間になれるのです。そういう人間がたくさん出てこなければ、どんなに平和を願っても平和は訪れません。人類は、そういう能力を持った人間を要求するような段階までようやく成長してきたのです。

そして、そういう人間になるために一番求められる能力は愛の能力です。本当に人間への愛があるかどうかがいま、全人類に問われています。人間を愛するとはどういうことなのか、われわれは真剣に問い詰めていかなければなりません。

では、人間を愛するとはどういうことでしょうか。

それは「相手を許す」ということです。人間は長所半分、短所半分という構造でできています。どんな人間でも必ず短所は持っています。それを認めて付き合うことが大切なのです。人間を愛するとは、相手の短所を認め、許すことです。短所を許すことができない人間は、人間を愛する資格はありません。短所を認められなかったら、決して人間を愛し抜くことはできません。友情も夫婦関係も長続きしません。自分の気に入らないところが半分あるということを肯定して、認め合える人間だけが、本当の人間への愛を持っているのです。人間を愛するとは、不完全な存在を愛することなのです。

不完全な短所のある存在をなぜ愛せるのか。それは人間は、短所があることを自覚することによって人間らしい謙虚な心を持った人間になれるからです。人間は相手の長所も愛しますが、謙虚な人間らしい心を最も愛するのです。どんなに素晴らしい能力や長所があっても、傲慢な人間は誰からも嫌われます。しかし謙虚な心や短所の自覚こそ人間らしい人間の印ですから、人間は短所のある人間を許し愛せるのです。また人間はお互いに短所の自覚を持つことによって、愛される人間になる努力をしなければなりません。

いま、離婚が激増している理由は、人間が理性化し、理性が相手に完全性を要求するためです。自分の気に入らないことは一つでも許せないのです。しかし、これは人間性に対する誤認識といわざるを得ません。人間には誰でも長所短所が半分ずつあるということを肯定して相手と接すれば、こんなに離婚が増えることはありません。自分にとって気に入らないところが相手のなかに半分あっても、それが人間なんだと認めることができなければ、人間を愛することはできません。これは夫婦間のみならず、あらゆる人間関係の根本原理です。

人間性が長所半分、短所半分という構造でできているのは、命が大宇宙の摂理に基づいてつくられているからです。そういう摂理を理解し、どんな人間にも半分は短所があっていいのだということを認められる人間がいま求められているのです。そういう人間認識を持つことが、これからの新しい人間には必要なのです。

感性論哲学では、「人間には長所短所がある。大事なことは短所も生かし長所も生かして、大宇宙から人間に与えられたすべての存在を生かし切ることだ」と考えます。短所も生かし長所も生かすというのが、本当に人間らしい人間の在り方なのです。

競争から創造へ、対立から統合へ

人間が人間らしく生きるには、「私」というものは相異なるものを統一する主体なのだ、という自覚を強く自分のなかにつくることが大切です。そして、自分が誰かと対立した場合には、どうすれば相手と協力し助け合える関係に持っていけるかと考えてみてください。それをすることが人間的な人間である証明です。すべての人間が人間性の体系を勉強し理解して、お互いに仲良くし協力して助け合える方法を考えなければなりません。そうなったときに初めて世界は平和になり、不完全な人間が本当に安心して生きていける社会の原理が出てくるのです。

不完全な人間が互いに安心して生きていける社会をつくろうと思えば、対立するものを根底において統一する主体としての「私」の存在に気づかなければなりません。それが人間の本来の姿なのだということに目覚めることによって、どれほどこの世界は住みやすくなるでしょう。家庭も職場も社会も世界も、そうなってこそ不完全な人間でありながら安心して生きていけるし、生きることに喜びを持てるようになるのです。

逆にいえば、「私」は相異なるものを根源において統一する主体であるという自覚を持てずに生きれば、時代の声にこたえる人物にはなれないということです。勝つことを最高の喜びにし、競争という意識を鼻先にぶらさげているような人間は醜い低級な人間でしかないのです。

今日の世界は、「競争から創造へ」という大きな転換を遂げつつあります。「対立から統合へ」という新しい価値観に基づいて生き始めなければならないと歴史が要求しています。競争して勝つのではなく、大事なのは自己変革という創造を成し遂げて発展することです。

企業の至上命題は、勝つことではなく、発展させることです。発展・成長こそが、これからのすべての企業の理念になります。いままでは「競争して勝つ」ことが発展・成長の理念でした。けれど、もう違うのです。いまや競争に負けた者の悲惨さが勝ったほうに悪い影響を及ぼすほどに全世界は一体化しています。負ける者をつくっていては自分も本当の喜びと成長を獲得できないという状況です。「競争して勝つ」という方法論で成長することは、もはや現実には通用しないのです。

では、新しい成長・発展の方法は何かといえば、自己変身・自己創造・自己改革という創造原理にのっとって成長・発展していくことです。そこに要求される人間性とは、勝つことよりも力を合わせることに人間としてのより大きな喜びと価値を感じる感性です。この感性を具体化したものが人間性の体系なのです。

つまり、人間性があるというのは、人間への愛があるかどうかなのです。戦っているどちらかに味方をして相手をやっつけろという人には、人間への愛がありません。人間への愛があるということは、「対立して殺し合ったり戦争するなんて悲しいじゃないか。どうすればみんなが仲良く力を合わせて生きていける世界をつくれるのかを考えようよ」という考え方をすることです。それが相異なるものを根底で統一する主体である「私」の立場なのです。

理性的整合性を捨て、感性的整合性を持つ

ヘーゲルの弁証法は、対立を解消するために両者の対立点を見つけ、それを超えた新たな考え方を見いだそうとする方法論です。ヘーゲルはそれを「正・反・合」という形で示しました。

理性のレベルで考えると、この方法は実に役立ちそうに思えます。しかし、現実の世界で活用しようとすると、途端に行き詰まってしまうのです。なぜかといえば、現実においては、対立した意見の上につくられた新たな考え方に対して、さらに反対する意見が現れてしまうからです。そして、その対立を再びまとめ上げたと思ったら、また新たな反対意見が現れてしまうのです。つまり、永遠に「正・反・合」

が繰り返されることになってしまうわけです。ゆえに、いつまでたっても対立はなくならないということになってしまいます。

これは、矛盾というものをなくしてしまおうと考えたことによる失敗です。理性は、二者の間に対立が起こるのは両者ともに不完全で、そこに偏りや矛盾があるからだと考え、その矛盾を解消し完全な立場を創造すれば対立はすべてなくなると考えたのです。つまり、理性的整合性を求めようとしたわけです。こうした考え方の根底にあるのは、理性を絶対視し、精神的に矛盾のない完全なものに到達できるとする人間理解です。

しかし、すでに何度も触れてきたように、人間とは不完全なものであり、理性そのものも不完全なものなのです。そのため、いくら矛盾を解消して理性的整合性を求めようとしても、必ず新たな矛盾が出てきてしまうのです。原理的に理性は対立を生むことはあっても、それを完全に解消することはできないということなのです。

対立を止揚して「合」としての統一的な考えを創造しても、常に形あるものは限定され、それ自体において有限性を持つので、必然的に新たなる対立を呼び出してしまう構造になるのです。

感性論哲学は、人間は不完全なものであるという理解の上に立ちます。ゆえに、矛盾があるのも当然だし、対立が起るのも仕方がないと認めてしまいます。それを認めた上で、お互いに相手を「許し合い」、お互いに相手から「学び合う」ことによって矛盾を相互補完関係と考え、お互いを必要とし合い助け合う関係に持ってゆくことによって、豊かな社会、豊かな人間関係を築いていこうと考えるのです。いうなればこれは感性的整合性を求めるということです。相異なるものを根底において統一する主体は感性である「私」なのですから、「私」がそういう立場に立って相手と接すれば、対立は起らなくなるのです。相異なるものを根底において統一するとは、こういうことです。

人間ですから、相手のことを嫌いになったり、不快に思ったり、感じが悪いと腹を立てることもあるでしょう。しかし、その気持ちをそのままにしておくのではなく、どうして嫌いになるのか、不快になるのか、感じが悪いと思うのかを深く見つめて、それは自分の人間性の未熟さや人間性の狭さを教えてくれている現象であると考え、自分の人間性の豊かさや幅をつくる努力をして、少しでも対立を解消していくように努力することが大切なのです。

そういう生き方をするところに人間性の成長というものがあり、人間への愛が生まれるのです。それが新しい人間性の体系をつくることにつながるのです。

矛盾や対立はなくそうとしてなくなるものではありません。それぞれの主張を認めて、お互いの立場を尊重し、互いに相互補完的関係にあることを自覚して相手から学び合い、お互いを根源において統一しようと努力することが大切なのです。これが、これから世界中に求められる人間としての在り方なのです。

本章では、「感性が肉体をつくり、精神を創造する」という感性論哲学の根本原理を原点にしながら、現実というものへの新しい対応の仕方について述べてきました。こういう考え方を実践の場で使うと、自分でも不思議に思うほど、仕事や人間関係がうまくいくことに気づくと思います。

皆さんの周りでいままで処理に困っていた問題があれば、ぜひここでお話ししたような考え方で取り組んでみてください。必ず新しい展開が生まれてくると思います。

結果として対立をなくすことができなかったとしても、人間性とは、対立を根源的に統一し、互いに許し合い助け合える関係に持ってゆこうと努力する心であるという意識になるだけで、人生は大きく変わってきてよい方向性に事態は動き始めることになるのです。

第五章

感性と宇宙

宇宙の摂理

感性とは自分が生きていくために必要な情報を積極的に求めて感じ取る力のことであり、その本質は感受性ではなく、求感性であると述べてきました。さらに、感性の求感性には三作用があり、調和を求め、合理を求め、統一を求める働きをすることをお話ししました。この三作用は、有機体のなかで秩序を形成する平衡作用（ホメオスタシス）を維持するために働いているものであります。また、この三作用は大宇宙のなかでも働いているということにも触れてきました。

つまり、感性の求感性とは秩序を求めて模索する働きであり、三作用を使いながら秩序をつくり出そうとしているのです。この求感性と三作用の働きによって、人間の命も宇宙の秩序も成り立っています。ゆえに、感性こそは人間の本質であり、命の本質であり、宇宙の究極的実在なのだということができるのです。

人間において、調和を求め、合理を求め、統一を求めていく活動ほど重要なものはありません。人間が求めてやまない真・善・美も、感性の働きに根拠を置いています。つまり、調和を求める感性の働きが理性的に自覚化され、人間関係のなかで働くことによって善なるものを求める意識となり、合理を求める感性の働きが真なるものを求める活動になり、統一を模索する働きが美を求める活動として表出しているのです。

本章では、いままで述べてきたこうしたことを土台にしながら、「感性と宇宙」という感性論哲学の根本原理について述べさせていただきます。

命のなかに大宇宙の摂理が働く

生命は大宇宙の摂理によってつくられました。これは大宇宙の摂理がすべての存在のなかに生きて働いているということでもあります。人間もこの大宇宙の摂理によって作り出された一個の存在ですから、人間のなかには確かに大宇宙の摂理が働いているのです。大宇宙の摂理によって生み出され、支えられ、生かされているという立体的な体系的構造を人間の命は内面に含んでいるのです。

それでは大宇宙の摂理とはなんでしょうか。「摂理」を辞書で引くと、いろいろな解説はありますが、「自然界を支配している理法」ということでよいと思います。

物理学の世界では、大宇宙の摂理をさまざまな科学的真理、つまり法則や構造によって表そうとします。それらは数式や化学式によって示されますが、そのいずれを見ても右辺と左辺がイコールで結ばれています。これが何を意味するのかといえば、大宇宙はエネルギーのバランスによって成立していることを示しているのです。これが今日の物理学的宇宙観です。

感性論哲学では、人間のなかに働く求感性と三作用と同じものが大宇宙のなかにも働いており、それこそが大宇宙の摂理であると考えています。そして、大宇宙がバランスに従って成り立ち、何があってもその秩序が崩れないというのは、とりもなおさず求感性と三作用がそこに働いているということを意味しているのです。

量子論という今日の最先端の物理学では、宇宙は法則に従って動くのではないと考えています。ニュートンからアインシュタインまでの宇宙観では、大宇宙は固定的な統一原理、法則に従って動いていると考えられていました。しかし量子論では、大宇宙は一瞬一瞬法則をつくりながら、全体としての秩序を模索して動いていると考えます。この考え方は、最終的な物質の姿が「1／fゆらぎ」であるということの発見から生まれました。つまり、最終的な物質は固定的なものとして存在しているのではなく、ゆらぎとして存在しているということなのです。

「1／fゆらぎ」とは、「周波数分の一のゆらぎ」ということであり、これを言葉を換えていうならば、「波動」になります。つまり、物質の最終的な姿はエネルギーをつくり出す波動なのだというのが今日の量子力学の考え方なのです。そこから導き出されたのが、物質は固定的な場所を占めずに一瞬一瞬ゆらぎながら、いろいろな出来事の影響を吸収しつつ宇宙全体の秩序を模索しているという宇宙観です。

大宇宙は法則を模索しながら動いている。そして法則とは、大宇宙がどのような秩序を保ちながら合理的に動いているかを左右対称の調和的な形式で表現したものです。つまり、大宇宙が持っている調和と統一という在り方を合理的に表現したものが法則なのです。これはまさに、量子力学が、宇宙は感性が持っている調和作用・合理作用・統一作用によって存在しているのだということを証明したといっても過言ではないと思います。人間の命のなかに働いているのと同じ原理で宇宙が出来上がっているのです。

人間には宇宙大の生き方ができる

宇宙は固定的な法則で支配されているのではなく、法則自身がゆらぎなのです。これは宇宙と同じ感性の三作用によって支えられている人間にも当てはまります。「俺はこうなんだ」と一定の答えを持って自分を固定してしまうのではなく、常に発展成長する可能性を残した可変性のある考え方にしていかなければなりません。固定的なものを持たずに、自分と違ったものを取り入れ、自分をより高度で厳密なものに変えていこうとすることが大切です。

自分と異なる意見に反発したり、それを拒否したりすることは、感性の働きから見ると、その人の命が死んでいることになります。生きているということは成長し変化することなのです。理性的に考えたら「俺はこうだ」と固定的に考えてしまいますが、それは人間の本質である感性の真実を模索する働きに反逆していることになるのです。自分と違ったものに出合ったならば、違いを吸収し、どんなことが起ってても自分はびくともしないという生き方をしなくてはいけません。

宇宙を貫く原理が自分のなかで働いているということは、人間が宇宙によって生かされているというだけのちっぽけな話ではなく、人間は感性の実感として宇宙大の生き方ができるようになるということなのです。「人間の本質は感性であり、宇宙の本質も感性なんだ。宇宙を支える感性が自分の命を支えており、私の本質である。だから私とは宇宙なんだ」という感性と宇宙のつながりを自覚できれば、どんなに大きな生き方ができるかを考えてもらいたいと思います。

座禅やヨーガが目指す悟りの世界とは、まさにそういう境地です。座禅やヨーガは感性と宇宙の原理に気づいていないために、実践的な修行によって、そういう心境に至ろうとします。しかし、この原理を知れば、修行などしなくても「私とは宇宙である」という自覚へと自らを高めていくことができるのです。

そのために必要なのは、理性の力によって感性を成長させることです。理性の力を借りて感性と宇宙との関わりを知ることによって、人間はそういう感じ方ができる感性をつくることができます。そして、宇宙と自分の命が一体化するという実感を持つことができるのです。すべては宇宙の摂理の働きによって創造されたものだから、宇宙には無駄なものは何一つ存在しません。そうなれば、どんなものとも対立しないで、すべてを生かし切り、全部をのみ込んでいけるようになります。

そのときの状態とは、宇宙のなかで働く感性が命のなかで働き、命のなかで働いている感性が人間のなかでも働いているという立体的な構造になります。それを人間の側から考えると、人間のなかで働いている三作用が宇宙のなかでも働いているという発見の仕方になるわけです。そういう感性の働きのつながりを理解することによって、われわれは宇宙と人間との関わり、一体性を理解することができるようになってきます。

感性から理屈抜きに湧いてくるものはすべて大宇宙の摂理の働きなのです。大宇宙の摂理とは感性の働きであり、それは求感性と三作用なのです。ゆえに、求感性と三作用に目覚めた生き方をすることが成功の原理であり、健康の原理であり、幸せの原理なのです。人間が本当に成功したいと思うのなら、求感性の働きとして命から湧いてくる興味・関心・好奇心・欲求・欲望に従うことです。これらは宇宙のエネルギーの噴出そのものなのです。

今日まで欲求や欲望は人間の動物的な部分だと考えられ、理性によって欲求・欲望を統御し支配しなければ人間ではないとされてきました。しかし、それは二元論的人間観における欲求・欲望に対する理解であり、宇宙から湧いてくるエネルギーと対立しています。

実際に、理性によって欲求や欲望を統御することが人間としての正しい在り方であるとされていた時代にあっても、そのなかで大きな仕事を成し得た人たちは、そういう原理によっては生きていません。みんな、何かわからないけれど感性から湧いてくる不可思議なエネルギーの力を借りて大きな仕事をしているのです。昔の人はそれを人知を超えた神の意志・神の力、神の命令と受け止めていたのです。

命から湧き上がってくる抑え難き欲求に基づいて生きたときのみ、人間には自分らしい仕事ができるということなのです。

人間のなかで働く感性の三作用が生命全体を支えており、宇宙全体を支えているのだというつながりを理解していただかないと、われわれが生きている現実のなかで宇宙を感じながら仕事をし、宇宙から湧いてくるエネルギーを自分の生き方に取り入れることはできません。宇宙と人間の関係をしっかりと自覚的に意識することによって初めて、宇宙の力を自分の活動力とし、そこから湧いてくる力を現実の力として生かすことができるのです。命から湧いてくるものの価値を知らずに、それを否定して、単純に理性でのみ生きていこうとすると、平々凡々の生き方で終わってしまいます。

命から湧いてくるもののない人間に何ができるかということです。命から理屈抜きに湧いてくる「俺はどうしてもこうなりたい、こうしたい」という感性の欲求があって、初めて自分の人生を生きることができるのです。

宇宙と感性との関係をつかみ、自分のなかには宇宙の摂理が働いていると実感することができれば、誰でも宇宙のエネルギーを自分の命のなかで生かすことができます。理性によって、宇宙の摂理の働きである感性から湧き上がる欲求を否定するのではなく、理性によって、大宇宙の摂理を知り、感性から湧き上がる欲求や知恵や気付きを生かして使うという構造を自分のなかにつくれば、人間は個の限界を超えたとてつもない大仕事ができるようになります。そういう力を自分のなかに自覚し、理性によってその力を呼び覚ましていくということをぜひ試みてもらいたいと思います。

人間の使命

宇宙と人間との関わりを理解すると、改めて人間はいかに生きるべきかという問題が浮かび上がってきます。平々凡々と一生を終えるような生き方は、人間として生まれてきた価値を忘れているということができます。

一人ひとりの人間には、必ずなすべき使命が与えられています。では、自らの使命を知るために、われわれはどういう姿勢で、どういう行動をとればいいのか、次に考えてみることにします。

求感性とはエネルギーである

ここで再度、感性の構造というものを思い出してもらいたいと思います。感性の構造の一番上にあるのは感覚器官であり、それは神経系がつくり出します。これらは肉体化された感性ということができます。その下に、理性によって感性が成長させられて出てくる心という価値を感じる感性があります。その根底には感性の現象形態である感覚・感情・欲求・本能などの世界が存在します。さらにその下には、本質としての感性である求感性があり、求感性は調和作用・合理作用・統一作用という三つの働きを持っています。これは生命感性の世界です。

人間における感性はこれだけの構造を持っているのですが、さらに感性そのものには、顕在意識として働くものと潜在意識として働くものがあります。そして、潜在意識のなかには、命のなかで働く生命感性と物質のなかで働く下意識の物質感性があり、これらの根底には純粋感性があります。純粋感性とは宇宙の一番根底にあるもので、人間における感性の本質である求感性と同じものです。

さて、ここでご理解いただきたいのは、量子力学的には波動と表現される「1／

f ゆらぎ」という物質の最終的な在り方とは「エネルギーをつくる働きである」ということです。ゆらぎという模索する働きは、ゆらぐことでエネルギーを生産する構造になっているのです。すなわち、物質の最終的な姿はエネルギーであり、すべての物質は最終的にエネルギーに還元されるということです。すべての物質は光速度を超えればエネルギーに転換し、また、すべてのエネルギーはある臨界点を超えれば物質に転換して姿を現します。つまり、物質とエネルギーは常に相互転換するような構造で関わっていると理解しなければなりません。

一方、宇宙そのものの構造からすれば、物質はゆらぎによって全宇宙の激変を吸収する働きをしています。そういう働きをしながらエネルギーを生産するという構造をゆらぎはつくっているわけです。

つまり、エネルギーとは求感性なのです。調和を求め、合理を求め、統一を求める求感性の活動がエネルギーを生産しているのです。ゆえに、われわれの命のなかで働いている求感性は、大宇宙の根底にある純粋感性のエネルギーの湧出によって出てくるものということができるのです。

存在することは影響を与えること

大宇宙には熱エネルギー、磁気エネルギー、電気エネルギーなど、いろいろなエネルギーがあります。そういうエネルギーの集成されたものが「感じる力＝感性」です。物理的にいえば、宇宙はプラスとマイナスのエネルギーバランスによって成り立っていると説明しましたが、感性という精神原理からエネルギーを考える場合には、「宇宙はさまざまなエネルギーが感じ合うことによって成り立っている」ということになります。電気に触れると感電するといいますが、これは人間にエネルギーを感じる働きがあるということの証明です。

この世に存在するものはすべてエネルギーによってつくられており、すべてが感じ合っています。原理的にいうと、存在とは感じる力であり、それぞれに影響を与え合っているのです。全宇宙は、こうしたエネルギーが影響を与え合っている体系なのです。

自分が意識しなくても、自分の存在なり声なりは、全宇宙に影響を与えています。

「俺の一挙手一投足」が全部の人間に影響を与えている。「俺が生きている」というだけで、それが全宇宙に影響を与えているということです。

そういうことを敏感に理解する人間は、吉田松陰やイエスのように、わずか二、三年で時代を変え、世界を動かすような影響力を持つことができるのです。「俺の一挙手一投足が周りの人間に影響を与えている、自分の存在が周りの人間を動かしている」と感性で感じられる状態になってきたら、常人にはないような影響力が出てくるのです。

そのような自覚を持って行動すると、すべてが周りに伝わります。

例えば、箸《はし》の上げ下げでも、それを見ている人間に影響を与えていると自覚して行えば、その波動が周りに伝わり、影響を与えることになります。子どもは親の背を見て育つというのも、子どもはお父さんやお母さんに影響を受けて育つということです。「自分の一挙手一投足が妻を変え、子どもを変え、社会を変え、国家を変え、世界を変えているんだ」と、それぐらい大きな広がりを自分の感性で感じているかどうかが問題なのです。

そういう感じが自分のなかに出てきたら、必ずや大人物になります。すでに何か大きなことができ始めているといってもいいでしょう。人間一人の力など知れたものので、何をやっても無駄だという無力感は小人物のあかしです。すべては一人から始まるのですから。

どうして、イエスがわずか二、三年の活動で全世界を覆い尽くすようなキリスト教という思想の広がりをつくることができたのか、どうして、吉田松陰がわずか二、三年の活動で国家を動かすような大人材を養成することができたのか。いずれも普通の人間にはできないことです。

けれど、個を超えた歴史や国家や民族や宇宙との関わりのなかで人間が生き始めると、通常の人間の感性を超えた活動ができてしまうのです。一念は宇宙に響き、宇宙に通じ、全存在に無言の影響を与え、天をも動かすのです。

吉田松陰は捕らわれの身であったときも、牢獄のなかに教室をつくってしまったりしています。これなども、止めどもないようなエネルギーが湧き出てきて、その影響力が形になったということです。そうしようという理性的な考えではなくて、

「そうせざるを得ない」という命の底から突き上げられてくる宇宙的エネルギーがあるからこそできることです。

そのエネルギーは大宇宙の根源から湧いてくるものです。ゆえに、歴史の声に突き動かされているという政治家や、「俺が書いているのではない。書かされているんだ」といいながら小説を書いている人がいるのです。これはまさに、自分ではどうしようもないほど湧き出てくるエネルギーによって生きているということです。それが「感性と宇宙」というつながりが自分の感性のなかに生きている人間の生きざまなのです。

宇宙のささやきを解読する

大切なのは、これは一部の人間にのみ与えられている力ではないということです。感性と宇宙の構造を本当に知って、そして、命から湧いてくる欲求・欲望・興味・関心・好奇心・悩み・苦しみ・問題などを大事にしようという気持ちになれば、誰でもそういうふうになれるのです。

そのためには、命から湧いてくるものの意味・価値・値打ちをどう理解するか、です。「哲学とは暗号解読なり」といったのはカール・ヤスパースですが、まさに現象をどう暗号解読するかが大切なのです。「問題が出てきたのは俺に使命が与えられたのだ」と受け止められる人間だけが、明治維新の志士のようになれるのです。「人間の力を超えたところから何かを自分にささやいているのだ」と受け止められるかどうかです。

宇宙のささやき、歴史のささやきは、それが感性を通して聞こえてくる構造が、どんな人間のなかにも常にあるのです。理性を使って、さまざまな現象や出来事の意味・価値・値打ちを、宇宙のささやき、天の教示として自覚的に考え始めれば、宇宙から湧いてくるエネルギーを感じる感性ができ始めます。そのためには、自分のなかから湧いてくる欲求・欲望・興味・関心・好奇心・悩み・苦しみ・問題を理性によって大切に受け止めることです。これらが起こるのは、宇宙から何かを自分にささやいてくれているのだと考えることが大切なのです。

命から理屈抜きに湧いてくるものは、人間の力を超えた、人知を超えた計らいとして出てくるものです。それをどう理解し、解釈するかによって、自分の生きざまは決まります。残念ながら、常識的な人間は問題が出てくることを煩わしいと思ったり、避けて通ろうとします。また、問題は出てこないほうがいいのだと思い、理性によって悪《あ》しきものとして否定するような対応をとってしまいます。しかし、そのことによって、宇宙や歴史との命の関係が切れてしまうことに気付かなければなりません。それに気付かなければ、平々凡々な人間になってしまうことになるのです。

「命から湧いてくるものとは何か？」ということを真剣に考えて受け止めなければなりません。その意味が感じられれば、六十歳であろうと七十歳であろうと八十歳であろうと、ある意味で「悟る」ことができます。「あ、そうだったのか。わかった」という感じになるのです。そうすると、止めどもなくエネルギーが湧いてくるようになります。そういうことを孔子は「朝に道を知らば夕に死すとも可なり」といっています。朝にそうだったのかということがわかったならば、もう夕方に死んでもいいというほどの感動を覚える、という意味です。「ああ、そうだったのか」という真実が命で感じられれば、もうその夕方には死んでも構わないというほどの気持ちになれるものなのです。

こういう生き方ができている人たちというのは、役者でいえば「舞台の上で死ねたら本望だ」という気持ちで仕事をしています。吉田松陰も「眼中生死なし。ただ道あるのみ」といっています。死ぬとか生きるとかそういうことを超越してしまって、「ただ道あるのみ。この道をただ歩いていくだけなんだ」ということになる。

私も十年以上前の正月元旦に「道一つ、ただ歩くのみ、初日の出」という俳句を作ったことがあります。これは舞台の上で死ねたら本望ということと同じことです。生きようが死のうが関係ない、この道を歩いていくこと自体に価値があるということです。

「生死なし」とは理屈ではありません。一種の悟りであり、思い定めた迷いのない心境です。命から湧いてくるものに基づいて人間が行動をし始めれば、死んだって生きたってそんなことは関係なくなってしまうのです。結局は「感性が私」なのですから、最終的にはどうなろうとも大宇宙に返るのだということです。生き死にには重要な価値はなくなってしまうのです。投げやりではなく、「これでいいのだ」という心境になれるのです。

そういう心境に近づいていくためには、自分のうちから理屈抜きで湧いてくるものを大事にすることです。そうすれば、理屈を超えた生き方を自分の生き方の原理にすることができます。つまり、宇宙の意志、歴史の意志を体現した生き方ができるようになるのです。

理性を使って「使命」をつくる

ただし間違ってはいけないのは、感性から湧いてくるものをただむやみに実現すればいいのではない、ということです。理性が感性や欲望の奴隷になってしまっては野獣です。大事なのは、どのように理性を使ってそれを他人に迷惑の掛からない方法で実現するかと考えることです。この構造が大事です。

命から湧いてくるものに突き上げられて行動する人間は、天の意志を受け止めていますから、決して自己中心的にわがままな行動をするといったことはありません。

本当の意味で「使命」というものを自覚して行動します。命から突き上げてくるものの暗号を解読して、そしてその力に自分が突き上げられながら生き始めたとき、理性という能力が本当に生きてくるのです。

理性とは客観性と普遍性の能力です。したがって、理性的に考えるとは「みんなにとってどうか」と考えることです。社会、人類、国家など、自分を包み込むより大きなものを視野に入れながら、自分のなかから湧いてくる欲求を実現しようとすることです。ここに偉大なる人間の仕事が始まるのです。単に命から湧いてくるものをそのまま自己中心的にぶつけるのではなく、湧いてくるものを理性を通して表現するところに人間的な行動があるのです。理性は客観性と普遍性の能力であるがゆえに、それを使って考えると、そこに「みんなにとってどうなのか」という社会性・人類性が芽生えることになります。ゆえに、理性を通して表現することによって、命から湧いてくるものは「志」となり「使命」になるのです。

この使命と自分の欲求・欲望・興味・関心・好奇心・悩み・苦しみ・問題などを自然に結び付けてしまうのが、大宇宙から湧いてくるエネルギーに基づく人間の行動というものです。わがままで自己中心的な生き方は、単に個人的な感覚や感情や欲求や本能という段階で行動しているにすぎません。宇宙から湧いてくるものは、全人類を包含し、歴史的な要請を踏まえたところから生まれてくるエネルギーですから、自己中心的にはなりようがないのです。

人間のなかで働いている感性は大宇宙の根源とつながっているがゆえに、人間の命には大宇宙から湧き上ってくるエネルギーが存在するのです。それを表現しているのが、感性から湧き上がってくる欲求・欲望・興味・関心・好奇心・悩み・苦しみ・問題なのです。そこにこそ、常人を超えた仕事をさせる力の源があります。感性から湧き上がるエネルギーを原理にせず、理性で考えた計画や目標を実現しようとすると人間は、その目標や計画に縛られ、支配され、堅苦しい不自由な生き方となり、本当のヤル気が湧いてきません。命から湧いてくる力の助けが得られないので、平凡な人間の生き方になってしまうのです。こうした構造が人間にはあるということを知ってください。

人生の幸せを手に入れる

宇宙から湧いてくるエネルギーと自分がどう結び付くか、そこに人間の生き方の最も深い原理があります。感性から理屈抜きに湧いてくるものとは、自分に人生の目的を教えてくれる現象なのです。人生の幸せが「自分のやりたいことをやる」ということであるとすれば、命から理屈抜きに湧いてくる「俺はどうしてもこれがしたい」というものがない人間は、本当の幸せにはなれません。

また仕事にしても、自分のやりたいことをやらなくてどうして成功できるのか、ということです。どんな仕事をする場合でも、湧いてくるエネルギーに基づいてやっているという状況に持っていかなければなりません。

現実には、いま、自分のしている仕事はやりたいことをやっているのではないという人もいるでしょう。そういう人でも、本当に人生の幸せや成功を手に入れたいと願うのであれば、「どうすればいまやっている仕事をやりたい仕事に変えられるのか」について考えなければなりません。人間の心は意味や価値を感じる感性ですから、人間は意味を感じればヤル気になりますし、価値を感じれば命が燃えてきます。

ですからまず、理性を使っていまの仕事の本当の価値や値打ちや素晴らしさがどこにあるのかを考えてみればいいのです。その仕事の価値を深く考え、それについて知れば知るほど、感性から欲求や欲望や興味や関心が湧いてきます。理性で意味や価値や値打ちや素晴らしさを考えることを通して、欲求や欲望や興味や関心を感じる感性をつくっていくのです。感性がその素晴らしさを感じれば、必ずヤル気が湧いてきます。そうなれば、どんな仕事でもやりたい仕事にできるのです。

どんな仕事でも価値のない仕事はありません。どんな仕事でも他に置き換え難い素晴らしい社会的な存在価値を持っています。その価値を本当に自分が感じたならば、どんな仕事でもやりがいが出てきます。自分の仕事の素晴らしさをどのように暗号解読し、解釈し、つくり出すかによって、どの程度その仕事に打ち込めるかが決まります。掃除をする仕事でも、「俺はただごみを拾っているのではない。ごみを拾うことによって人間の心の掃除をしているのだ」という解釈ができれば、その解釈の素晴らしさゆえに、「この仕事で死んでもいい」という気持ちになれるのです。

いずれにしても、湧いてくるものがなかったら大したことはできません。そこには成功も幸福もありません。したいことをする、したいことができるというところに人間の本当の幸せがあるのです。仕事も、したいことをしているのでなくてはなりません。

感性から湧いてくる欲求・欲望・興味・関心・好奇心・悩み・苦しみ・問題は、何をすることがいまの自分にとって幸せなのかを教えてくれます。「こんな人間になりたい」と思っている人間にとっては、「そんな人間になろう」として努力することが喜びなのです。だから、「こんな人間になりたい」というものがない人間には喜びのもとがないのです。命から湧いてくるものがあってこそ、人間は本当の幸せをつくっていけます。「何がしたい？」と聞かれて、「別に」といっているようでは他人が選んだことをさせられてしまいます。それは奴隷の人生です。それは幸せになる種を持っていないということです。

大事なのは、現在自分がぶつかっている問題や悩みなどをどう理解して、宇宙の根源から湧き上がってくる感性のエネルギーと結び付けるかです。

両親がアルツハイマーになってしまったことをきっかけにして、一生懸命アルツハイマーの研究をして、社会的連帯の組織をつくるなどの大きな仕事をしている方がいらっしゃいます。それは、自分に与えられた悩み・苦しみ・問題を歴史の要求、命から湧き上がってくる歴史の叫び、歴史の声として受け止めたところから始まっています。

このように、出来事をどう解釈するかによって、自分の人生の使命と生き方の大きさが決まってくるのです。単に自分の問題として考えるのではなく、理性の客観性と普遍性を使って、人類の問題、社会の問題というように解釈し、展開すれば、そこに使命が出てくるのです。無理に結び付ける必要はありません。命から湧いてくるものは宇宙の意志なのだという発想を持つことができれば、自然に結び付いてしまいます。

たぶん吉田松陰も、「これは天が自分に与えた使命なんだ」と考えて生きていたのではないかと思います。それでなければ、ああいった仕事はできません。命は要らないというのは、普通の人間とは違ったところに生き方の根拠を持っていないとできないことです。たぶん彼には、大宇宙から湧き上がってくる何かに自分が導かれているという感覚があったのだと思います。それは吉田松陰だからできたのではなく、感性と宇宙の原理をつかんで、命から湧いてくるものを大事にするならば、誰でもできることなのです。

潜在能力を湧き上がらせる原理

最も端的に自分が持っている使命を自覚したい人は、現在している仕事を振り返ってみてください。自分が仕事をしていて「ここのところがもうちょっと便利にならないかな」と思うことがあれば、「おまえこそそれを便利にするために生まれてきたのだ、と天が神仏が俺に教えてくれている」と解釈し、受け止めてみてください。「ここは納得できないな」と思ったときは、「おまえがまさにそれを納得できるようなものにするために生まれてきた人間なんだ」と受け止めることができたら、必ず何事かを残して死んでいけます。何かもうちょっと便利にならないかなあと思いながら、「まあいいか!」と言って過ぎ去ってしまう人間は平凡な人生で終わってしまいます。

問題が湧いてくる、悩みが湧いてくるというのは、まさに「天が自分に使命を与えたのだ」と受け止めるチャンスです。才能などは問題ではありません。今日の政治に対して「これは駄目だ」と思えたら、誰でも政治家になれるのです。本気かどうかだけの問題です。明治維新のときは、十代後半から二十代前半の若者が明治政府をつくって国家を動かしました。彼らは政治の専門家ではありませんでした。専門家でなくていいのです。下級階層の政治を知らない武士でも、なんとかしなければならないと思ったら湧いてくるものがあるのです。これが大事です。人間の能力にとって、生まれてから後に勉強した力は大したものではなくて、自分の命から湧いてくる潜在能力が大事なのです。この潜在能力こそが、まさに自分の使命に呼応した能力なのです。

大宇宙から湧いてくるエネルギーに基づいて出てくる潜在能力こそ、何事か仕事をなさしめる能力です。どうして松下幸之助さんや本田宗一郎さんのような学歴のない人間が大仕事をしてしまうのかといえば、それは湧いてくる潜在能力によって仕事をしたからです。潜在能力の根底には大宇宙の摂理が働いているのです。

自分が現在持っている力でできることしかしようとしない、できないものはできないと断ってしまう人間には、潜在能力が湧いてくるはずはありません。いかんともし難い状況に出合って、だけどなんとかしたいと思って頑張ったときに、初めて現在自分の持っていない力が湧いてくるのです。それが潜在能力が顕現する構造です。

現在自分が理性的に持っている能力の限界にまで自分を追い詰めなければ、潜在能力は湧いてきません。潜在能力は現在の自分の能力とは関係ありません。自分の現在の能力ではできないとあきらめるのではなくて、どんどん問題に挑戦していくことによって、潜在能力は湧いてきます。ぶつかった問題が大きければ大きいほど、より大きな力が湧いてきます。そういう構造になっているのです。身体障害者の方々のなかには、手が使えないから足の指を使って裁縫をしてしまうような方もいます。普通の人間ではとてもできないようなことでも、「なんとかしなくては」という気持ちで挑戦すれば、潜在能力が湧いてきてやれてしまうのです。それが人間というものの生命の構造です。

生命のなかから出てくるものは、純粋感性から始まって、命というものが進化・成長する過程において蓄えられた能力です。潜在能力が出てくるというのは、その人間の命のなかに能力が潜在して「ある」ということなのです。しかし、ほとんどの人間は多くの潜在能力を顕現させることなく死んでいきます。これは非常に惜しいことです。

命のなかには予想だにしないような大きな力が入っています。命のなかに蓄積された潜在能力をどれだけ顕現させられるか、そこに自分の人生の価値が懸かっているのです。それを出せるかどうかは、自分がこのことを自覚して、潜在能力を顕現させる構造に自分の人生を持っていけるかどうかです。現在自分の持っている能力だけで、できることしかしていない人間には、決して潜在能力は出てきません。

現実への違和感が教えるもの

潜在能力とは知恵の湧出であるということもできます。命から理屈抜きに湧いてくる欲求・欲望・興味・関心・好奇心・悩み・苦しみ・問題は、「命の本当の喜びとなる人生の目的は何か」ということを人間に教えてくれています。これはすなわち、大宇宙が、大自然が、歴史が、人生にとって一番の喜びとなる目的は何かということを教えてくれているのです。ゆえに、それを実現させていく人生を歩むことが一番充実した人生なのです。

命から湧いてくる欲求や問題を素直に自分が受け止め、理性の客観性と普遍性の能力によって多くの人の役に立つ方法でそれを実現するために努力し、社会や世界と結び付けて使命とする。その使命を実現することが人生最大の喜びとなるのです。そういうふうに理性を使っていくことによって、人間は歴史的使命を体得することができます。

人間には誰でも自分に与えられた使命があります。それを教えてくれるのが「現実への違和感」です。自分が現実に対して感じる違和感をどのように解釈するかによって、自分に与えられた使命がはっきりしてくることになります。

例えば、今日の人類が解決すべき大きな問題の一つに核兵器や原子力の取り扱いがあります。日本は二回も原爆が落とされた体験をしているだけに、核の問題は他人事ではありません。日本人にとって、原爆体験とはどういう意味を持つものなのでしょうか。これを「まさに日本人こそが核問題に最終的な解答を出す民族であり、国家なんだ、ということを知らしめるために天は核の悲惨さを日本民族に味わわせたのだ」と解釈すれば、日本人には人類が持っている核への不安、放射能への不安を一掃する努力をしていく使命が与えられているのだと考えることもできます。そのことによって、核の犠牲になられた方々への民族としての鎮魂になるのではないかと思います。

核問題とは、核の破壊によって莫大なエネルギーが放出される恐怖だけではなく、核を使うことによって出てくる廃棄物をどう処理するかというテーマも含んでいます。

そこまで考えていかないと、核は本当に安心して人間が使えるエネルギーにはならないし、また、核科学は完成された科学になりません。日本人にはこの核科学を完成させるという使命が与えられているのだと自覚すれば、世界に貢献できる大きな仕事ができます。

日本政府は国際的にアピールをして、広島か長崎に大研究所をつくり、全世界から優れた核科学者を呼び集め、全人類が安心して核を使えるような研究をして、原子力を不安のないエネルギーに変えていく努力をすればいいのです。そして、核兵器なんて持っていても何の役にも立たないという状態を、科学技術の力によってつくり出す研究をするべきなのです。

人間の使命も運命も、事実の解釈によって決まります。阪神大震災に遭って自分の人生は駄目になってしまったと考えるのではなく、チャンスを与えられたと解釈し、受け止めれば、人間の人生はまったく違ってしまいます。病気をしても、病気にならせてもらったと受け止められるかどうかで、人生の価値が決まります。病気は、自分の考え方や心の持ち方、判断の仕方や生き方のどこかに問題があるぞと教えてくれているのです。なんとなく病気になるのではなく、必然的に病気になるのです。そういうふうに受け止めることによって、素晴らしい生き方ができるようになります。

運命も使命も、事実をどう解釈するかという暗号解読の能力に懸かっているのだということを忘れてはなりません。命から湧いてくるさまざまな現象をどう解釈するか、その巧拙が自分の価値を決定するといっても過言ではありません。解釈はいろいろできるのです。どう解釈するのかによって、どんな現象もどれほどの価値を持ち始めるのかが決まります。現象というものは大宇宙の摂理がつくり出すものですから、そこには無駄はありません。失敗をした場合でも、失敗させてもらったのだと考えることが大切です。失敗をしたと考えると、大宇宙との関係が切れてしまうからです。何かに気付かせるために失敗をさせてもらったと考えることが大切なのです。

いろんな現象が天のサインなのです。すべてが何かしら自分に使命を与えようとしているという意識で現象を眺めることのできる人間だけが、自分に与えられた本当の使命を感じることができるのです。

誰もがイエスや吉田松陰のような大きな仕事をしなくてはならないというわけではありません。しかし、「感性と宇宙」の関係から人間の生き方を考えるならば、どんな人間にも宇宙大の生き方ができる可能性があることを、もっと真剣に考えなければならないと思います。どんな人間にも想像を絶するようなたくさんの潜在能力が与えられているのですから、それを生かして生きなくては、と思います。

そのために、自分に起こる現象の暗号解読をして、人生に立ち向かうことが必要なのです。どのように暗号解読をするかによって、大宇宙から自分に与えられた潜在能力を引き出す努力ができるかどうかが決まります。そういう可能性に向かって挑戦していくという生き方も考えてみなければならないと思います。

人類の運命

人間には大宇宙から与えられた潜在能力が眠っています。この潜在能力を引き出すことによって、人類はもっと発展・進化することができます。さまざまな問題が山積している現実を前にして、あきらめを感じる方もいるかもしれませんが、決してあきらめてはいけないのです。人類はいつか滅びなくてはならないとしても、まだなすべき仕事がたくさん残っているのです。

人間はいつか滅びる

自然破壊という大きな問題がクローズアップされると、どうしても「自然を守れ」といいたくなります。これ以上科学を発達させると、ますます自然破壊が進む恐れがあるから、「自然に帰れ」ということを訴えたくなります。仏教、儒教、老荘思想などの東洋思想の考え方から、「自然に帰れ」とか「環境を守れ」と唱える方もたくさんいます。しかし、大自然の摂理によってつくられた人間の生き方からすると、これは反動なのです。

環境問題を地球的規模で考えてみましょう。人類が滅びたとしたら地球は困るでしょうか。そんなことはありません。地球は酸素のない状態から始まって、いろいろな環境の変化を見てきました。そのなかでは次々と新しい生命が生まれ、また多くの種が絶滅して、生命は進化のプロセスをたどりました。その連綿たる生命進化のプロセスの途上で、たまたま現在は人類が頂点に立っているところなのです。地球の歴史をさかのぼってみるとわかりますが、一時代を築いた生物が滅びても、その後にはまた別の生物が現れ、新たな時代を築いていています。そのようにして、地球の歴史は続いてきたのです。ということは、いまも人類が滅びるような環境の変化を待っている生命が、どこかにいるということではないでしょうか。

そういう構造によって生命が進化し、地球の歴史が形成されてきたことを考えれば、人類が地球を守ろうとか地球を愛そうといっていることは、人間中心のヒューマニズムにすぎないということになります。人間中心主義の考え方からすると「環境を破壊してはならない」ということになりますが、地球そのものは人類が滅びるような環境になっても困らないのです。人間が地球を守ってあげようというのは、地球から見れば「傲慢なことをいっている」ということなのです。

今日までの人間の歴史は大宇宙から与えられた人間性によってつくられてきたものです。そこで生まれた科学技術も、大宇宙の摂理に基づいてつくられたものです。つまり、大宇宙から与えられた人間の潜在能力が、大宇宙がつくり出した問題を解決するために創造したのが科学技術文明なのです。ゆえに科学技術文明も大宇宙の摂理に基づいて出てきたものといわなければなりません。そうであるからこそ、われわれは科学技術文明に対して否定的な対応をしてはならないのです。環境破壊という現象も、人類が必然のものとして引き受けて通らなければならない道筋なのだと考えなければなりません。

しかし人類は、生きなければなりませんから、人類が生きるに適した環境を守るために、自らの目の前にあるさまざまな問題を解決しようと勇猛果敢にぶつかっていくことによって潜在能力を顕現させてきました。しかし、いつの日にか、その潜在能力を使い尽くすときがやってきます。人間の力ではどうしても解決できない問題が必ず現れます。そのとき、人間は衰退し滅びることになります。それが大宇宙によってつくられた人間の宿命であり、運命です。どこかで人類は滅びなければならないのです。どんな生命も、自分の生き方ゆえに滅びていくという運命をたどっています。

七十パーセントの潜在能力が残っている

私は、人間はいつか滅びるのだから、いくらでも自然破壊をしてもいいといっているのではありません。いつか滅びるとしても、そのときを少しでも先に延ばすためにも、人類は環境を守り、自然破壊をしてはならないといっているのです。

ただし、そこで科学技術は間違っていたから捨て去るべきだという短絡的・否定的発想を持ってはいけないのです。むしろ大宇宙の摂理に基づいてできた科学技術の力を借りて、どうすれば環境を破壊しないで、人類が生きていくのにふさわしい環境を、長く維持することができるかを追求していかなければならないということなのです。

そういうふうに自分たちの持っている潜在能力を顕現させて、人類が生きやすい環境を求めていくべきなのです。科学を捨てて原始時代に戻ろうというようなことを考えるのではなく、先へ進んでいくために能力を顕現させていくことが大事だということです。

それでも、いつか、必ず新しく現れた問題を解決する潜在能力が出てこなくなるときがやってきます。そうなったとき、人類の歴史は完結し、滅びていくことになります。しかし、不安がる必要は何一つありません。というのは、人類の潜在能力は、まだ三十パーセントしか実現されていないからです。人類に与えられた潜在能力は、まだ七十パーセントも残っています。

これは現在の大脳生理学の常識です。人類が持っている大脳組織、脳細胞は百四十億個といわれます。人間は百四十億個の脳細胞を持って生まれてきて、生まれてから後は増えないことがわかっています。そして、人類に与えられている潜在能力の可能性は脳細胞の数によって限定されます。そういう大脳生理学の研究成果を踏まえていうと、人類は現在、脳細胞の三割しか使っておらず、残りの七割はこれからの人類の可能性として残されていることになるのです。

すべての問題は、潜在能力を引き出すために出てくるのです。人類は、現在の自らの生き方によって、現在持っている力では解決できない問題をつくり出し、自らつくり出した問題を乗り越え、解決する努力をすることを通して、人類に与えられている潜在能力を次々と顕現させて成長発展進化し、人類の歴史を形成してゆくようにできているのです。

人類は環境破壊や核問題を当面の難題・課題としながらも、潜在能力を顕現させることによって、それらを乗り越えていくでしょう。そして、まだこれから何千年、何万年という人類の歴史を地球上で形成していくことになるでしょう。人類は、そういう可能性を持っているのです。

そのためにも、安易に科学を否定するのではなく、それは大宇宙から与えられた潜在能力を人間が引き出すために与えられた問題だと判断して、さらに文明の発展を推し進めるべきなのです。それが大宇宙によってつくられた人間にふさわしい、人間らしい生き方なのです。

環境破壊、自然破壊それ自体をもって悪だと考えてはなりません。われわれは地球における生命の歴史をよく見つめなければなりません。生命の進化は人類が滅びることによって達成されるのです。人類が滅びるような環境になるのを待っている、進化途上の生命があるということを忘れてはなりません。人間も人間が栄える環境が訪れるのを待っていたのです。このような興亡を繰り返して生命は進化していくものなのです。

空気の存在を前提としなければ高等生物は存在し得ないということではありません。空気が存在しないなかでも生存できる生命はたくさんいます。特にバクテリアは、想像を絶する環境のなかでも生存します。六千度という地球の底から湧き上がってくるマグマのなかですらバクテリアは生存できるのです。

この六千度という環境のなかでも生きている生命がいるということは、生命の持っている可能性の大きさを証明しています。そういうことを考えれば、人間が生存できる環境というのは、生命の持つ可能性からすれば、非常に小さな一部分でしかありません。いくらでも、もっともっと違った環境のなかで繁栄する生命があるのですから。

その意味では、人間はもっともっと勇気を持って、未来に向かって立ち向かっていくべきなのです。こんなに素晴らしい科学力を持てたのだから、この科学力をもっともっと発展させて環境の問題に対応していけばいいのです。そのことを通して、人間の持っている潜在能力をどこまで顕現し尽くすことができるか、という考え方で人類の歴史をつくっていかなければなりません。

新しく起ってくる問題に積極果敢に向かっていくことによって潜在能力を顕現させ、次々に歴史をつくりながら生きて、ついには潜在能力が出てこないという状況に至ったとき、人類は衰退していきます。しかし、それはそれでいいのだという受け止め方をすることが大切です。それが大宇宙の摂理なのです。生きるということは、出てくる問題を乗り越え続けてゆくことなのです。

問題が出てこないことを願ってはなりません。問題のない道を求めてはなりません。それは成長し進化することを自ら拒んでいるのです。人生には問題の出てこない道などないのです。問題を恐れてはいけません。問題の発生こそ成長のチャンスであり、人生の進むべき方向性を教えてくれているものなのです。

輝かしい人生をつくる

宇宙との構造的な連関性を自覚することを通して、感性と宇宙の関係をどういうふうに自分の人生のなかに生かしていくかを考えてもらいたいと思います。そうすれば、どんな人間でも、大宇宙から湧き上がってくるエネルギーを自分の人生の生き方の土台に据えて、単に人間的な力ではない、大いなる何かの力に支えられながら生きていくことができるのです。もっともっと感性の声に耳を傾け、命から理屈抜きに湧き上がってくるものを大切にしてもらいたいと思います。そういうものに根差した生き方をすることによって、自分でも驚くような人生が始まるのです。

これは年を取ったらできないということではありません。年を取っても、宇宙との連関性に目覚めるならば、不老不死といってもいいようなものすごいエネルギーが湧いてきます。それを自分の人生においてぜひ体験してもらいたいと思います。どうしてもこうしたい、こうなりたいというものがあったならば、たとえ八十歳になっても人生は青春なのです。本当に「俺はこうなりたい、こうなるんだ」というものがあったなら、決して命は老いません。魂は老いません。たとえ肉体が老いても、感性は老いないのです。

脳生理学では、八十三歳までは人間の脳は成長し続けるといわれています。適当な刺激を与え続けるなら、八十三歳まで脳は複雑な神経組織を形成していって成長し続けるそうです。八十三歳までは、命から、感性から湧いてくるエネルギーを基にして人間的に高度な活動力を保持できるということです。

私も、そういう意味では八十三歳まではなんとか頑張って大仕事をしてやろうと思います。まだ五十代ですから、哲学者としては序の口です。五十、六十はまだまだ子どもです。

人間の精神は八十三歳までは成長し続けることができる。その間に、どうかこの大宇宙から湧いてくるエネルギーを人間的な形で表現してみてもらいたいと思います。

誰の人生も光り輝くことができるのです。本当に命を輝かせるためには、命から湧いてくる欲求・欲望・興味・関心・好奇心・悩み・苦しみ・問題を大切にすることです。それが命を輝かせる原点になります。湧いてくるものがなくなってしまったら、そこで終わりなのです。

ですから、自分の命から湧いてくるものをつくるために、理性を手段能力として使わなければなりません。そのために理性はあり、人間の命の構造はそのようにつくられているのです。理性を使って物事の意味・価値・素晴らしさを考えれば、理性が考えた素晴らしさを感じる感性が成長していきます。感性が素晴らしさを感じれば欲望や関心や興味が湧いてきます。そういう構造で、どんどん命から興味・関心・好奇心を湧き上がらせ続けながら、死ぬまで永遠の青春を生きてほしいと思います。そのような素晴らしい、輝くような人生をぜひ歩んでもらいたいと思います。

本書は平成十三年に弊社より刊行した芳村思風著『人間観の革正』の新装改訂版です。

著者略歴
芳村思風（よしむら・しふう）
昭和１７年奈良県生まれ。学習院大学大学院哲学博士課程中退。思風庵哲学研究所を設立。感性論哲学の創始者。元名城大学講師。著書に『人間の格（新装改訂版）』『人間の境涯（新装改訂版）』『人間観の覚醒（新装改訂版）』、行徳哲男氏との共著に『いまこそ、感性は力』（いずれも致知出版社）などがある。

人間観の覚醒【新装改訂版】
生き方の変革

平成二十三年二月二十八日第一刷発行
令和二年七月三十日第二刷発行

著者　芳村　思風
発行者　藤尾　秀昭
発行所　致知出版社
〒150-0001東京都渋谷区神宮前四の二十四の九
TEL（〇三）三七九六―二一一一
印刷　㈱ディグ　製本　難波製本
落丁・乱丁はお取替え致します。　（検印廃止）

ISBN978-4-88474-917-0 C0010
ホームページ　https://www.chichi.co.jp
Eメール　books@chichi.co.jp

いつの時代にも、仕事にも人生にも真剣に取り組んでいる人はいる。

そういう人たちの心の糧になる雑誌を創ろう——

『致知』の創刊理念です。

CHICHI
致知
人間学を学ぶ月刊誌

人間力を高めたいあなたへ

●『致知』はこんな月刊誌です。

- 毎月特集テーマを立て、ジャンルを問わずそれに相応しい人物を紹介
- 豪華な顔ぶれで充実した連載記事
- 稲盛和夫氏ら、各界のリーダーも愛読
- 書店では手に入らない
- クチコミで全国へ（海外へも）広まってきた
- 誌名は古典『大学』の「格物致知（かくぶつちち）」に由来
- 日本一プレゼントされている月刊誌
- 昭和53（1978）年創刊
- 上場企業をはじめ、1,200社以上が社内勉強会に採用

—— 月刊誌『致知』定期購読のご案内 ——

●おトクな3年購読 ⇒ 28,500円（税・送料込）
●お気軽に1年購読 ⇒ 10,500円（税・送料込）

判型:B5判 ページ数:160ページ前後 ／ 毎月5日前後に郵便で届きます（海外も可）

お電話
03-3796-2111（代）

ホームページ
致知 で 検索

致《ち》知《ち》出《しゅっ》版《ぱん》社《しゃ》 〒150-0001 東京都渋谷区神宮前4−24−9